CURSO DE ESPAÑOL PARA EXTRANJEROS

ENLACE2

Comunicación panhispánica al alcance del mundo

LIBRO DE EJERCICIOS

LILIANA ROJAS VALBUENA
SILVIA RENATA LUCIO BUNCH

UNIVERSIDAD EXTERNADO DE COLOMBIA
CENTRO DE ESPAÑOL PARA EXTRANJEROS (CEPEX)

ISBN 978-958-772-703-6

© 2017, LILIANA ROJAS VALBUENA Y SILVIA RENATA LUCIO BUNCH
© 2017, UNIVERSIDAD EXTERNADO DE COLOMBIA
Calle 12 n.º 1-17 Este, Bogotá
Teléfono (57-1) 342 0288
publicaciones@uexternado.edu.co
www.uexternado.edu.co

Coordinación editorial: Liliana Rojas Valbuena
Ilustraciones: Freddy Mauricio Vargas Salamanca
Créditos de fotos: Liliana Rojas, Silvia Renata Lucio Bunch

Primera edición: abril de 2017

Diseño de cubierta: Departamento de Publicaciones
Composición: Marco Robayo
Impresión y encuadernación: Digiprint Editores SAS
Tiraje de 1 a 1.000 ejemplares

Impreso en Colombia
Printed in Colombia

CONTENIDO

¿EN QUÉ SE FUERON?

OBJETIVOS COMUNICATIVOS

- Contar experiencias de viaje
- Formular quejas y reclamos

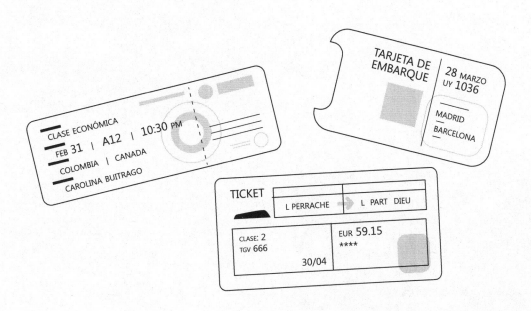

1. **Observe las fotos, escriba qué** *medio de transporte* **es y describa qué características tiene: dónde se usa (ciudad, campo, costa, etc.), para qué sirve (transporta personas, carga, comida, etc.), qué cantidad de personas caben, cuánto cuesta transportarse.**

a.

_____

_____

_____

_____

_____

_____

_____

b.

_____

_____

_____

_____

_____

_____

c.

_____

_____

_____

_____

_____

_____

_____

d.

_____

_____

_____

_____

_____

e.

_____

_____

_____

_____

_____

_____

2. Relacione las dos columnas sobre el tema _personas y lugares_ **escribiendo el número (1-5) en la tabla correspondiente a la letra (a-e).**

a. sitio emblemático

b. mochilero

c. hospedarse

d. trayecto

e. geografía agreste

1. Paisaje áspero, lleno de maleza, plantas.

2. Pasar la noche en un sitio.

3. Lugar representativo, significativo.

4. Espacio que se recorre de un punto a otro.

5. Persona que viaja a pie con mochila.

a	b	c	d	e

Información tomada de internet y adaptada para fines educativos el 08 de junio de 2015. Diccionario de la Real Academia Española. Disponible en: http://www.rae.es/

3. Isabela le escribió un correo a Ángela y aquí ella le responde y le cuenta sus *actividades del fin de semana*. Léalo y complete con la conjugación adecuada.

Archivo   Edición   Ver   Insertar   Formato   Herramientas   Tabla   Ventana   ?   Escriba una pregunta   ▾ ✕

Enviar Cuentas ▾ ⬓ ▾ ⬓ ⬓ ⬓ ! ↓ ▾ ⬓ ⬓ Opciones... ▾ HTML

Para...   Isabela Parra <Isabela.parra@gmail.com>

CC...

Asunto: Saludos

Tahoma ▾ 10 ▾ A ▾ N K S ≡ ≡ ≡ ≡ ⋮≡ ≣ ⋮⋮

Hola, Isabela:

Me alegra mucho tu correo.

Seguramente Gabi (1) _____ (tener) un día espectacular y yo no (2) _____ (estar) allí, ¡qué lástima!, los tiquetes están muy caros y tengo mucho trabajo.

Te cuento que mi fin de semana la (3) _____ (pasar) muy bien, el sábado (4) _____ (encontrarse) con Patrick, un amigo de toda la vida que vive en Viena desde hace muchos años. Él me (5) _____ (venir) a visitar a Madrid, (6) _____ (verse) a las 7:00 p.m. y (7) _____ (ir) a comer. Luego (8) _____ (bailar) toda la noche hasta la madrugada, como tú sabes me encanta la música de los 80 y a él también, entonces, nosotros no (9) _____ (parar) de movernos jaja. Yo (10) _____ (llegar) a mi casa a las 4:00 a.m. El domingo nos (11) _____ (volver) a encontrar y (12) _____ (almorzar) juntos en un restaurante cerca de la Plaza de España y la Gran Vía. Luego, fuimos al Retiro, el famoso mercado de pulgas. Allí él (13) _____ (comprar) varias cosas para llevarles a sus amigos austriacos. Como a las 5:00 p.m., (14) _____ (entrar) a la Cafetería Nebraska, una de las más conocidas de la ciudad madrileña, donde, fuera de su excelente chocolate, venden los famosos churros españoles, ¡deliciosos! Después, Patrick me (15) _____ (llevar) hasta mi casa y nosotros (16) _____ (despedirse). Su ida (17) _____ (ser) muy triste, pero sabemos que pronto nos volveremos a ver.

Bueno, te conté todas mis actividades del fin de semana pasado, te deseo una buena semana en el trabajo y con tu familia. Saludos a Jaime.

Besos,
Ángela

4. **Complete la tabla con las conjugaciones correctas en** *pretérito indefinido* **de los siguientes** *verbos irregulares.*

	oír	querer	traer	saber
yo				
tú				
él, ella, usted	oyó			supo
nosotros(as)		quisimos		
ellos, ellas, ustedes			trajeron	

	poder	decir	ser/ir	dormir
yo		dije		
tú				
él, ella, usted			fue	
nosotros(as)	pudimos			
ellos, ellas, ustedes				durmieron

	estar	empezar	traducir	caber
yo				
tú	estuviste			
él, ella, usted				cupo
nosotros(as)		empezamos		
ellos, ellas, ustedes			tradujeron	

5. **Constantemente, *los turistas tienen problemas durante sus viajes por los servicios recibidos en hoteles y restaurantes.* Lea la situación de Mario Bernal en la siguiente carta:**

Cali, 28 de diciembre de 2013

Señores
HOTEL INTERNACIONAL
Administración
Ciudad

Estimados señores:

De manera atenta me dirijo a ustedes para formular la siguiente queja:

Los días 22 y 23 de diciembre me alojo en el Hotel que ustedes administran. El día 22 elijo comer en el restaurante del hotel. Pido unos tallarines con camarones y un jugo de guanábana. En la carta, el precio es de 35 mil pesos y 7 mil pesos, respectivamente. Sin embargo, cuando me pasan la factura, me cobran 45 mil pesos por los tallarines y 15 mil por el jugo. Me dirijo al encargado, hago el reclamo y me contesta que los precios del menú son de temporada baja y sin IVA. Le pregunto por qué no aparecen especificadas las tarifas para temporada alta y baja, y no me da una respuesta satisfactoria, por lo cual me niego a pagar tarifas de temporada alta por mi consumo. Me amenaza con llamar a la policía y finalmente tengo que pagar la cuenta con los precios de temporada alta.

Creo que el tratamiento poco amable a los turistas no corresponde a un hotel de su categoría y afecta la imagen de esta bella ciudad. Espero que esta carta contribuya a mejorar el servicio al cliente del establecimiento que ustedes administran.

Cordialmente,

_____
Mario Bernal
C.C. 5.921.723
Tel. 2121623
Correo electrónico: mariober@hotmail.com

Copia: Oficina de Defensa del Consumidor.

5.1. *Redacte la carta* que le envía el gerente del Hotel Internacional al señor Mario Bernal referente a su *queja*. Siga el modelo de la anterior.

Cali, 30 de diciembre de 2016

_____

_____

Ciudad

Asunto:

_____

_____

_____

_____

_____

_____

_____

_____

_____

_____

_____

_____

_____

_____ ,

Pedro Gómez
Gerente Hotel Internacional
Calle 117 ` 8A- 24
Tel. + 57 1 7345682
Sitio web: www.hotelinternacional.com

6. Carolina le pregunta a su amiga Paola por su viaje a Argentina. <u>Subraye</u> la preposición correcta *a, en, de* cuando se indique.

Carolina:	Paola, cuéntame cómo te fue en Argentina, ¿a qué hora llegaste a Buenos Aires?
Paola:	Me fue muy bien, llegué (1) **en - de - a** la ciudad a las 6:10 a.m., pero hacía mucho frío por ser invierno.
Carolina:	Muy bien, entonces aprovechaste el día completo. ¿Te quedaste donde tu amigo o en un hotel?
Paola:	Al final pasé la noche (2) **a - en - de** el apartamento de Pedro que tiene dos cuartos, entonces fue perfecto porque no pagué por la estadía.

Carolina: ¡Qué bien! Te ahorraste esa plata y ¿qué conociste de la ciudad?

Paola: Fuimos (3) **de - a - en** la Casa Rosada, el Congreso, el Obelisco, por supuesto, Puerto Madero, la Boca, Calle Corrientes, etc. En fin, la pasamos muy bien.

Carolina: ¡Qué chévere! y al final ¿qué día te regresaste?

Paola: Decidí quedarme más tiempo, así que me vine (4) **en - de - a** Buenos Aires el viernes, pero hice escala (5) **a - en - de** Chile de 6 horas, porque volé por NAL, la aerolínea chilena.

Carolina: Ahh, cuando yo viajé (6) **de - a - en** Lima (7) **de - a - en** Santiago fue con esa misma compañía aérea y me pareció muy buena.

Paola: Sí, lo es. Es la cuarta vez que viajo con ellos.

DE VACACIONES Y FIESTAS

OBJETIVOS COMUNICATIVOS

- Expresar la realización de una única acción en desarrollo terminada que ocurrió en un tiempo terminado y delimitado en el pasado
- Expresar conocimiento acerca de alguien o de algo
- Indicar tiempo, lugar, destino y finalidad

1. **Lea la siguiente información sobre** *Santa Marta* **(ciudad colombiana) y** encierre **en un círculo la preposición correcta** *entre - a - para - en* **para darle sentido al texto.**

Santa Marta Distrito turístico, cultural e histórico

Fecha de Fundación: 29 de julio de 1525

Fundador: Rodrigo de Bastidas

El mar Caribe y la nieve se encuentran (1) **para - a - en** Santa Marta, un destino difícil de olvidar. La ciudad está ubicada* (2) **entre - en - a** orillas de la bahía de Santa Marta sobre el mar Caribe, al lado de la Sierra Nevada, cuyos picos pueden verse en días despejados desde la playa. La capital del departamento colombiano del Magdalena, que fue fundada (3) **en - para - a** 1525, es una de las ciudades más antiguas de Suramérica.

* localizada, situada

Esta ciudad está llena de una magia difícil de describir, su patrimonio arquitectónico inigualable, hermosos paisajes y un gran legado* cultural con sus tesoros coloniales, hacen de este paraíso natural un destino ideal (4) **a - entre – para** disfrutar, conocer y recordar.

* herencia, cosa material o no que se deja a los hijos o a la comunidad. Ej. Casa, educación, etc.

Aquí es posible tenerlo todo, la Sierra Nevada de Santa Marta, con una red de ecosistemas única en el planeta, y misteriosos vestigios* arqueológicos de la cultura Tayrona; las playas del Parque Nacional Natural Tayrona, rodeadas de una naturaleza virgen y exuberante, reconocidas (5) **entre - para - a** las más bellas del mundo.

* huella, rastro

Espacios poblados de loros, infinita variedad de aves y de monos que informan con su sonido a los demás habitantes de la selva la presencia de excursionistas; legado histórico, representado en la arquitectura y (6) **para – a - en** las calles del centro histórico, un recorrido ideal (7) **a - entre - para** visitar la Catedral, los museos y el Malecón de Bastidas, donde, además de conocer, se puede gozar de un romántico atardecer (8) **en - a - entre** Santa Marta.

La altura promedio de la ciudad es de 2 msnm*, aunque con una diferencia de 5.775 metros (9) **en - para - a** el Pico Cristóbal Colón, el más elevado de toda Colombia ubicado (10) **entre - a - en** la Sierra Nevada.

* msnm: metros sobre el nivel del mar

Información tomada y adaptada de internet el 05 de octubre de 2016 con fines educativos. Disponible en: http://www.colombia.travel/es/a-donde-ir/caribe/santa-marta

2. **Lea nuevamente el texto y marque con una equis (X) si el enunciado es verdadero (V) o falso (F). En el caso de ser falso corrija la información en los espacios.**

	V	F
1. Santa Marta está ubicada en el Río Amazonas.	____	____
2. El mar es el único paisaje que se encuentra frente a la ciudad.	____	____
3. La ciudad es uno de los lugares más viejos del Continente.	____	____
4. Tayrona es una comunidad indígena y también un parque.	____	____
5. En la Sierra Nevada de Santa Marta se encuentra la montaña más alta del país, llamada Colón	____	____

_____

_____

_____

_____

_____

_____

3. La semana pasada Pedro tuvo diferentes actividades cada día. Observe los dibujos y escriba en los espacios *qué estuvo haciendo*.

Ejemplo: El viernes **estuvo viendo** una película con sus amigos.

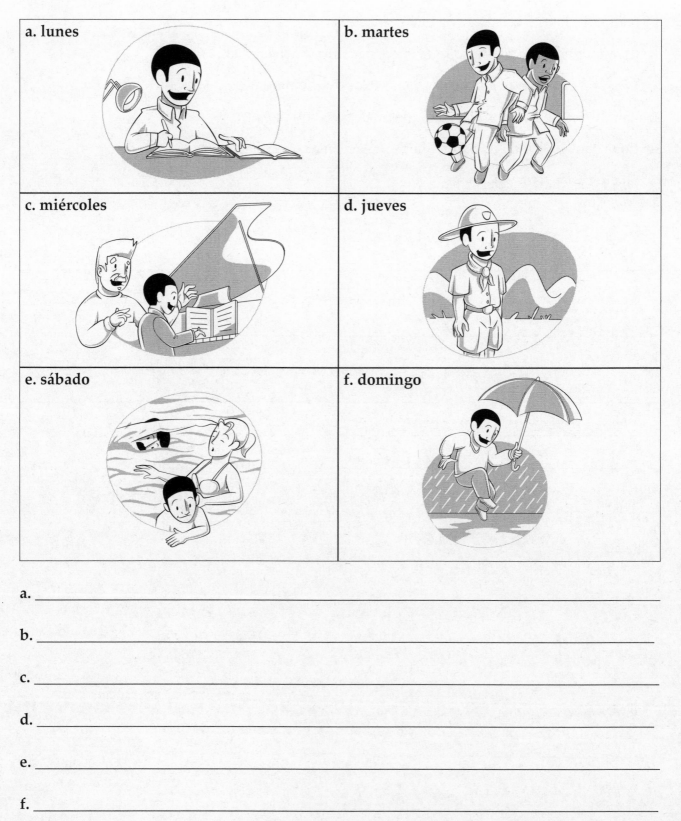

a. _____

b. _____

c. _____

d. _____

e. _____

f. _____

4. **Paula recibió muchos *regalos* por su cumpleaños. <u>Subraye</u> los pronombres correctos de objeto indirecto *me – te – le – nos – les* para que los diálogos sean coherentes.**

1. María: ¿Qué (1) **me – te – le** regaló tu esposo de cumpleaños?

Paula: (2) **Te - Me - Le** regaló unos aretes de oro y mis hijos (3) le - me - te

regalaron un cuadro hecho por ellos.

María: ¡Qué lindos regalos!

2. Jefe: ¿Qué (4) **les - nos - te** regalaron a Paula y a Francisco de cumpleaños?

Colegas: (5) **Les - Nos - Le** regalamos unos libros y una boleta para el concierto de Sting,

porque a él (6) **te - me - le** encanta ese grupo.

Jefe: ¡Qué bien!

3. Mercedes: Sara y José, ¿sus nietos (7) **nos – te – les** dieron algo por el aniversario de

bodas?

José: No solo los nietos (8) **le - nos - te** dieron regalos, también nuestros hijos. María

(9) **te - me - le** regaló un bono a Sara para comprar ropa y a mí (10) **les - nos - me**

dio una película de ficción. Los nietos (11) **te – me – nos** dieron unas entradas

para ir a teatro. Pero lo que no sabes es que nosotros también (12) **nos - les - le**

dimos cositas a los nietos.

Mercedes: ¿En serio?, ¿qué?

José: A Manuela (13) **le – me – te** dimos una muñeca y a Juan y a Simón (14)

nos – le – les regalamos dos carros, uno para cada uno.

Mercedes: ¡Qué lindo! Me alegra mucho.

5. **Lea el siguiente diálogo de cuatro estudiantes extranjeros sobre el conocimiento que tienen del *mundo hispano*. Para entender la conversación, <u>subraye</u> el verbo apropiado *saber,
conocer* y su respectiva conjugación.**

Peter, Hans y Cristina:	Hola, Ana ¿cómo estás?
Ana:	Yo, muy bien ¿y ustedes?
Cristina:	Estamos bien, pero un poco nerviosos por la presentación sobre el mundo hispano.
Ana:	Yo también estoy nerviosa, pero todos (1) **sabemos/conocemos** que nos va a ir bien, no es tan difícil.
Cristina:	Sí, lo (2) **sé/conozco**, pero es mucha información.
Ana:	Sí, pero si quieren repasamos los puntos para ver si están bien, ¿les parece?
Todos:	Listo.
Ana:	Hans, (3) ¿**conoces/sabes** cuál es la ciudad capital más alta del mundo?
Hans:	Sí, es La Paz, la capital de Bolivia.
Todos:	Muy bien.
Cristina:	Ana, (4) ¿**sabes/conoces** el río Amazonas?, ¿has estado allí?
Ana:	No, desafortunadamente no lo (5) **conozco/sé**, ¿y tú?
Cristina:	Sí, yo estuve en Leticia, la capital del departamento del Amazonas, en Colombia. Me quedé 10 días, la pasé increíble. Ahora el turno es para Hans: (6) ¿**sabes/conoces**, cuáles son los países de Suramérica por donde pasa el río?
Hans:	Pues, por Colombia y Brasil, aunque este no es un país hispano, pero no (7) **conozco/sé** cuál es el otro…
Peter:	Perú es el otro país por donde pasa el río Amazonas.
Hans:	Ah sí, es verdad. Ahora las últimas dos preguntas para ustedes, (8) ¿**saben/conocen** Machu Picchu?, (9) ¿saben/conocen qué es?
Ana y Peter:	Sí lo (10) **sabemos/conocemos** y (11) **conocemos/sabemos** que es un parque arqueológico considerado una de las 7 maravillas del mundo moderno, llamado "La ciudad perdida de los Incas."
Hans:	¡Exactamente!
Cristina:	¡Perfecto!
Ana:	Bueno, espero que nos vaya muy bien en la presentación.
Peter, Cristina y Hans:	Nosotros también.

¿QUÉ HAS HECHO?

OBJETIVOS COMUNICATIVOS

- Pedir y dar información sobre experiencias personales
- Expresar sentimientos y estados de ánimo
- Hacer ofrecimientos y sugerencias

1. **Complete las siguientes tablas con la conjugación correcta del *verbo haber* y con los *participios irregulares* de los verbos en infinitivo.**

	haber
yo	
tú	has
él, ella, usted	
nosotros(as)	
ellos, ellas, ustedes	

escribir	decir	ver	poner	romper
	dicho			
abrir	**hacer**	**volver**	**morir**	**resolver**
			muerto	

2. **Lea los siguientes diálogos y** <u>subraye</u> **el marcador de tiempo adecuado** *todavía no, aún no, ya, nunca, alguna vez, todavía, aún, algunas veces* **para darles sentido.**

1. Mamá: Pedro, ¿terminaste las tareas del colegio? Necesito el computador.
   Pedro: No, mamá, (1) **todavía no - ya - nunca** me falta una tarea por hacer, en una hora te lo entrego.

2. Rosario: No me digas que (2) **aún no - nunca - todavía** has almorzado, ya son las 4:30 p.m., ¿no tienes hambre?
   Julia: Pues la verdad no, (3) **ya - todavía - alguna vez** estoy llena, el desayuno fue bastante.

3. Luis: Es decir que (4) **aún - nunca - ya** has viajado a Colombia, pero la esposa de tu hermano es colombiana, ¿no?
   Felipe: Sí, pero la boda fue en Europa. Espero visitar ese país (5) **todavía - nunca - alguna vez**.

4. Teresa: ¿Has estado (6) **algunas veces - todavía - alguna vez** en México?
   Mario: Sí, he viajado (7) **aún - todavía no - algunas veces**, porque desde hace un año y medio hago mi maestría a distancia allá y es obligatorio viajar cada semestre.

5. Agustín: (8) ¿**Nunca - Ya - Aún** no tienes el libro que te iba a prestar Victoria?
   Silvia: Sí, (9) **ya - aún - todavía no** lo tengo en mis manos, pero no he terminado de leerlo. Sé que ella te lo va a prestar, ¿te lo puedo entregar en una semana?
   Agustín: Sí, claro, no hay problema.

3. **El siguiente texto es una entrevista con la actriz y empresaria colombiana Paola Turbay. Léalo y complete los espacios con la conjugación apropiada en** *pretérito perfecto.*

'Soy intensa para todo': Paola Turbay. La actriz y empresaria habla de los nuevos proyectos que tiene a futuro

Por: CRISTINA ESTUPIÑÁN CH |
11:10 a.m. | 9 de octubre de 2014

Actriz, empresaria y productora ejecutiva. En su esposo encontró el cómplice para realizar grandes proyectos como el segundo perfume que la identifica, que huele a ella y que está lanzando.

Entrevistador: Siempre vemos a la Paola feliz, ¿qué la entristece o le molesta?

Paola Turbay: Es muy difícil eso. Hay momentos en que la tristeza trata de embargarme, pero lo que (1) _____ (hacer-yo) es buscarle el lado positivo a todo y tener otro semblante, aunque lo que sí *me saca la piedra** es la mediocridad recurrente. Que alguien decida ser mediocre siempre, no lo soporto y la injusticia no la tolero.

* Col. me molesta, no me gusta para nada

Además de tener una sonrisa que se convirtió en su sello, la 'mujer bonita colombiana' tiene una familia ejemplar: dos hijos (Sofía y Emilio) y un esposo (Alejandro Estrada), con quienes (2) _____ (conformar-ella) un hogar sólido pero itinerante*, pues debido a ofertas laborales se (3) _____ (ir-ellos) moviendo por el mundo.

* ambulante, que se mueve, que cambia

E: ¿Qué es lo bueno de criar* a sus hijos en Estados Unidos y acá en Colombia?

P.T.: Allá estábamos muy solos a nivel social y de familia y eso fue bueno porque nos unió mucho, somos muy amigos los cuatro y nos entendemos perfectamente. Como papás (con Alejandro) quisimos buscar lo mejor de los dos mundos y por fortuna (4) _____ (poder-nosotros) hacerlo; y sin duda estando aquí les brindamos una riqueza familiar y cultural.

* formar, educar, enseñar

E: Y entre ser actriz, empresaria o productora ejecutiva, ¿qué le gusta más?

P.T.: ¡Ay!… Estoy más tranquila y feliz siendo actriz, pero estoy dichosa y me siento muy productiva como empresaria. Fundé el IndieBo (Festival de Cine Independiente de Bogotá) y eso fue muy importante. A partir de eso, la idea es dictar conferencias, acercarnos a los maestros del cine independiente y queremos crear espacios y productos, aunque esto me genere mucho estrés. (5) _____ (ver-yo) que soy una facilitadora y generadora de oportunidades.

E: ¿Le (6) _____ (hacer-ellos) ofertas para actuar en Colombia?

P.T.: (7) _____ (estar-yo) muy abierta a todo y si me sale algo* lo miro. De hecho, hay una posibilidad de otra película con un guion que me encantó y también tengo que hablar con el director. Sería como coprotagonista y, aunque es colombiana, no se filmará acá.

* si se da/ presenta una oportunidad

E: ¿Cómo (8) _____ (negociar-ustedes) todos los cambios?

P.T.: (9) _____ (ser-3ª persona singular) muy fácil porque decidimos siempre los cuatro lo que mejor nos conviene. Buscamos un equilibrio para que estemos contentos y crezcamos en todos los aspectos. Hay sacrificios, pero al final del día (10) _____ (obtener-nosotros) grandes regalos.

4. **De acuerdo con el anterior artículo sobre Paola Turbay, escriba oraciones sobre ella usando los siguientes marcadores temporales** *todavía no, aún no, ya, todavía, aún.* **Puede imaginar la información que necesite para crearlas.**

1. _____

2. _____

3. _____

4. _____

5. _____

5. **Complete la tabla con los correspondientes** *pronombres de objeto directo e indirecto* **como en el ejemplo.**

	OBJETO DIRECTO	OBJETO INDIRECTO
yo	me (a mí)	me (a mí)
tú	_____	_____
él	_____	_____
ella	_____	_____
usted	_____	_____
nosotros	_____	_____
ellos	_____	_____
ellas	_____	_____
ustedes	_____	_____

5.1. Su mejor amigo se fue de viaje a Costa Rica. Lea la lista de actividades que él le dejó para hacer y escríbale un correo contándole lo que ha hecho y lo que no. Use los pronombres de objeto directo e indirecto *lo, la, le, les, me, te, etc.*

Lista de cosas para hacer:

- comprarle la comida al perro
- darle de comer al perro y sacarlo dos veces al día
- limpiar la casa
- pagar los servicios públicos
- echarles agua a las plantas
- sacar de la lavandería las chaquetas
- pagarle a la empleada $250.000 del mes pasado

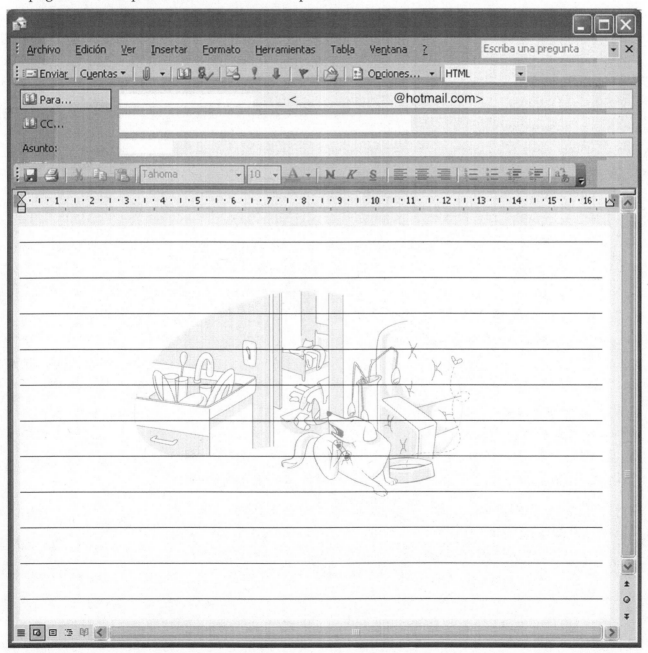

6. *¿Cómo se siente?* **Lea las definiciones que aparecen a continuación sobre sensaciones y relaciónelas con los verbos adecuados escribiendo los números en la tabla de abajo.**

1. Ira, enojo, enfado grande.

2. Sensación de aumento de la temperatura por el clima o por actividad física.

3. Necesidad o deseo de ejecutar algo con urgencia.

4. Angustia por un riesgo o daño real o imaginario.

5. Gana y necesidad de comer.

6. Elevación de la temperatura normal del cuerpo y mayor frecuencia del pulso y la respiración.

tener hambre	tener miedo	tener fiebre	tener prisa/afán	tener calor	tener rabia

Tomado de internet y adaptado con fines académicos, el 29 de junio de 2015. Diccionario de la Real Academia Española. Disponible en: http://www.rae.es/

DE LAS FÁBULAS
A LA LEYENDA URBANA

OBJETIVOS COMUNICATIVOS

- Describir las circunstancias de un hecho pasado
- Expresar acciones habituales en el pasado
- Describir personas, animales y lugares

1. **Muchos de los viajeros que visitan Bogotá dejan registradas sus experiencias en guías virtuales. Lea algunos de los comentarios que hicieron y complete los verbos faltantes en** *pretérito imperfecto.*

a. <u>Opinión sobre: Museo del oro</u>

estar / haber / elaborar / ser / hacer / existir

Gloria B. "Bonito, pero era mejor antes"
Escribió una opinión el 10 de enero de 2014

Visité Bogotá en 2009. Así es que ya conocía el museo, pero esta vez no me impresionó tanto. Antes (1) _____menos moderno pero (2) _____más completo. Claro que es bonito y tiene una gran cantidad de figuras de oro precolombinas, pero me parece que ahora faltan piezas de la época colonial, como las custodias de oro y esmeralda. Recorrimos todo el lugar y no las vimos. De todas formas, es un museo que hay que visitar.

Fabián: "Excelente"
Escribió una opinión el 9 de enero de 2014

No hay viaje completo a Bogotá sin visitar este museo. Vale la pena definitivamente. La más completa colección de arte y orfebrería precolombina en el mundo. Antes no (3) _____restaurante, ahora tienen uno con excelente comida colombiana.

Jessica: "Muy lindo"
Escribió una opinión el 6 de enero de 2014

Estábamos allí y coincidimos con el horario de un guía que (4) _____la visita guiada en español. ¡Súper! Me parece uno de los mejores museos que he conocido, cuenta la historia del oro colombiano y cómo los indígenas de estas tierras (5) _____trabajos artesanales con el preciado elemento. Antes no (6) _____ una tienda de "souvenirs" tan moderna y organizada. Hay cosas preciosas para los regalos. Hay que echar una ojeada por allí. Buena calidad.

---

b. <u>Opinión sobre: Visita al barrio La Candelaria</u>

planear / existir / parecer / hacer / caminar

ASpiegel: "Pintoresco"
Se escribió una opinión <u>mediante dispositivo móvil</u>

El típico centro antiguo de una ciudad grande. Fuimos un domingo, nos tocó una manifestación con bastante gente que (7) _____ tranquilamente hacia la casa presidencial. (8) _____un sol espléndido, las calles (9) _____ como una pintura o una postal. Caminar hasta el Museo del oro y la Quinta de Bolívar es una buena manera de pasar la tarde. Nunca nos dijeron que (10) _____ este tipo de cosas en Bogotá, ¡fue una sorpresa! No (11) _____ quedarnos hasta la tarde, pero el tiempo voló.

c. <u>Opinión sobre: Visita al barrio "Usaquén"</u>

tocar / haber/ ofrecer /ser

Carol: <u>"Recomendado para un domingo"</u>
Visitado el 9 enero de 2016

Es un lugar muy agradable para ir un domingo en familia. Hay restaurantes de todos los precios. ¡Qué sorpresa! En el 2006 no vi una muestra cultural del mercado de pulgas, en esa época tampoco (12) _____ tanta animación. Antes (13) _____ un lugar más tranquilo y sin tanta actividad. Ese día un grupo -muy bueno- (14) _____música tradicional, muchos vendedores (15) _____cosas típicas. Pasamos súper. No te lo pierdas, encontrarás cosas de toda índole: artesanías, golosinas, postres, etc. y muchas actividades.

d. <u>Opinión sobre: Visita al cerro de Monserrate</u>

| haber / poder / pasar / querer / reír |

Ulysses: "Vista maravillosa"

Vale la pena subir el cerro y contemplar la capital de Colombia. Allá arriba hay un lugar para comer, solo que no tiene mucha variedad. Es bueno llevar un abrigo para el frío. Antes se (16) _____ subir a pie, ahora las escaleras están cerradas. (17) _____ hacer un poco de ejercicio y mover las piernas, pero… ni modo. (18) _____ una fila enorme para subir en el funicular. Lo positivo: la gente (19) _____ y gozaba mientras (20) _____ el tiempo. No fue tan terrible esperar. No dudes en ir. Respiras aire puro y la vista es hermosa.

Texto tomado y adaptado con fines educativos el 2 de octubre de 2016. Disponible en: http://www. tripadvisor.co

2. **Escoja 2 lugares de su ciudad. Escriba un comentario de cada uno para una Guía turística. Comente qué hay, qué había antes, si ha mejorado o empeorado. Recuerde usar entre otros el *pretérito imperfecto*.**

1._____

_____

_____

_____

_____

2._____

_____

_____

_____

_____

3. Haga frases opuestas según el modelo.

Ejemplo: Ahora (yo) **comprendo** casi **todo** lo que dicen en la tele.
<u>Cuando llegué a este país no **comprendía** casi **nada**</u>.

1. Ahora **tengo** muchos amigos en la clase y **hablo** frecuentemente en español.

_____

2. Ahora **conozco** la ciudad y sé **tomar** el transporte público.

_____

3. Ahora **leo** periódicos y **escribo** correos electrónicos en español.

_____

4. Ahora **entiendo** las preguntas y **sé** responder.

_____

5. Ahora **hablo** con mi profesora y le **hago** preguntas con más seguridad.

_____

4. **Esta es parte de una entrevista hecha por el periódico EL TIEMPO al grupo musical colombiano** *ChocQuibTown* **el 30 de junio de 2015. Léala con atención.**

Ahora sí, ¿de dónde vienen?
Goyo: Slow, mi hermano, y yo venimos de Condoto*, somos hijos de una cantaora y de un coleccionista de música. Mi casa en las mañanas era pura fiesta, mi papá le subía el volumen a sus discos de la Sonora Ponceña y mi mamá nos despertaba cantando.

¿Entonces la vena musical es de familia?
Goyo: Pues sí, de alguna forma allá todos son músicos. Sin embargo, yo no soñaba con ser cantante. Jugaba de niña, como todas, pero no era algo que pensara en serio.
Slow: Yo, menos, estaba más entusiasmado con los videojuegos que con cualquier otra cosa.

¿Y Tostao?
Tostao: Yo era un niño problema y como mi mamá trabajaba en Coldeportes, lo que hizo fue meterme en todos

Imagen tomada el 2 de octubre de 2016. Disponible en http://urlmin.com/4r85p

los equipos de deporte. Yo **practicaba** basquetbol, voleibol, boxeo, cualquier cosa que quemara energía. Hasta que una vez llegó a Quibdó, mi pueblo, una orquesta de niños que se llamaba La Charanguita. En ese momento no se entendía cómo podía haber una orquesta de salsa para niños y ese fue mi primer contacto en serio con la música. Ya después pasé por una orquesta de música clásica y por Tejedores de Sociedad, un grupo de rock y rap. Ese sí me gustó.

*Condoto: municipio de Colombia ubicado en el departamento del Chocó.

Texto tomado y adaptado con fines educativos el 10 de octubre de 2016. Disponible en: http://www.eltiempo.com/bocas/entrevista-de-chocquibtown-en-bocas/16025896

4.1. <u>Subraye</u> **todos los verbos que están en** *imperfecto*.

4.2. Teniendo en cuenta la redacción de la entrevista, escriba un pequeño texto en donde cuente un poco de su vida: ¿de dónde viene?, ¿cómo era su casa?, ¿con qué soñaba?, ¿qué actividades hacía?, ¿qué cambió de todo eso?, ¿por qué?

_____

_____

_____

_____

_____

_____

5. **Goyo, la cantante de la agrupación** *ChocQuibTown* **habla sobre su época en el colegio en 1995. Lea el texto y complete los espacios con los verbos entre paréntesis en** *imperfecto.*

1995

Créanlo. (1) _____ (Haber) una época en la que para *"levantar" había que hablarle a la otra persona. Para ver un programa había que prender el televisor, para leer una novela había que tomar algo llamado "libro".

Recuerdos de unos días de tecnología y tráfico musical:

En 1995 (2) _____ (estar) muy chiquita, pero recuerdo que (3) _____ (ser) la época en la que llegaron los primeros computadores a mi colegio en San Vicente de Buenaventura. Era un hito. Había un cuarto cerrado y refrigerado, como un bunker, para cuidarlos del calor. Tenían muy poquitos para todo el colegio. En mi primer acercamiento me enseñaron cómo (4) _____ (prenderse), cómo (5) _____ (conectarse) a un regulador, teniendo en cuenta que en el Pacífico había que tener cuidado con la energía. No había Internet aún. Los profesores nos hacían tener muchas precauciones cuando los (6) (6) _____ (usar), nos hacían lavar las manos antes de tocarlos. Durante más de un año el cuarto de computación, como lo llamaban, fue un mito. Años más tarde mi primer intento con Internet fue a través de *Latinmail*. Recuerdo que fue con una amiga que (7) _____ (disfrutar) de su propio computador, y ella me (8) _____ (explicar) cómo abrirlo y cómo usarlo. En ese momento ya (9) _____ (vivir) en Cali, y también (10) _____ (usar) internet para bajar canciones y buscar sus letras. Aunque, la verdad, el único que (11) _____ (saber) descargar era Slow (Así se llama su hermano e integrante de su banda). A él le (12) _____ (decir) cuál era la canción que (13) _____ (oír) en alguna parte y él me la conseguía por *Kazaa*. También eran los días en los que hicimos nuestras primeras pistas en computador con la versión demo de un programa que (14) _____ (tener) tiempo de caducidad y eso nos exigía hacer todo antes que se cerrara. No se (15) _____ (poder) volver a abrir lo que habíamos hecho entonces lo que quedaba, quedaba.

> *Tenía un profesor de ciencias, Aníbal Caicedo, que era "el profesor chévere" del colegio. No era tan joven pero le gustaba el rap y nos ponía cosas como Snoop Dogg, Dr. Dre y música del Pacífico en el recreo."*

*"levantar": usado en Colombia para decir: enamorar, conseguir. Ej. Levantar novia.

Foto tomada de goo.gl/70XJkO

Texto tomado y adaptado con fines educativos el 2 de octubre de 2016. Disponible en: http://www.shock.co/especial/shock-20-1/1995-antes-de-internet-despues-de-internet

5.1. Reflexione: ¿Por qué el internet cambió tanto la manera de hacer algunas cosas?

5.2. A usted, ¿qué cosas le gustaban de épocas anteriores? Escriba 4 frases.

Ejemplo: **Me gustaba** más tener los libros en papel para leer en el tren. Ahora la gente tiene todo en su tableta.

1._____

_____

2._____

_____

3._____

_____

4. _____

_____

5.3. Busque información sobre el departamento de *Choco*. ¿Cómo imagina que era la vida de Goyo, la chica que narra esta historia? Describa.

_____

_____

_____

_____

_____

_____

_____

_____

RECORDEMOS EL PASADO

Objetivos comunicativos

- Narrar hechos e historias
- Describir personas, objetos y experiencias

1. **Contamos historias y/o anécdotas en donde hay acciones principales y sus circunstancias. Clasifique los *pretéritos indefinido* e *imperfecto* como en el ejemplo del cuadro.**

"Eran más o menos las 11 a.m. De repente, dos hombres y una mujer que hacían la cola delante de mí atacaron a la cajera. Como el banco estaba lleno de gente ella entregó la plata sin poner resistencia. No recuerdo sus caras, no había mucha luz, pero eran tres, dos hombres y una mujer. Ella tenía el pelo corto, ojos grandes y estaba muy maquillada. Uno de los hombres tenía una cicatriz en la cara. Los dos eran morenos y altos. El vigilante del banco llamó a la policía por medio de una alarma. Tardaron en llegar más o menos 3 minutos. En esos momentos todos los clientes estábamos aterrorizados, entramos en pánico. Nos tiramos al piso. Una señora se desmayó. Yo no paraba de rezar –soy muy católico – fueron minutos eternos. Nadie decía nada, se oían los gritos de los ladrones: ¡Salgamos!, ¡vamos ya! Dos ladrones fueron detenidos y uno escapó. Había billetes regados por todo el piso".

IMPERFECTO circunstancias, detalles	INDEFINIDO acciones principales
Eran las 11 de la mañana más o menos. Tres hombres y una mujer hacían cola.	Los ladrones **atacaron** a la cajera.

2. Complete las frases con los *verbos en pasado* según corresponda.

Ejemplo: Esta mañana **subí** todas las persianas porque **había** un sol maravilloso (subir/haber).

1. Ayer cuando _____ al restaurante, ya no _____ comida. (llegar/haber)

2. Esta mañana _____ algo que me _____ daño. (comer/hacer)

3. Amelia _____ un poco cansada y _____ un frío terrible porque _____ un vestido de tela muy delgadita para el clima que _____. (estar /tener/ponerse/ hacer)

4. Ayer _____ una sombrilla en la calle porque _____. (comprar/llover)

5. _____ al dentista porque me _____ dos muelas. Me _____ una y me _____ la otra. (ir /doler /sacar/arreglar)

3. Cambie al pasado el siguiente texto. Use los pretéritos *indefinido* e *imperfecto*.

Héctor Gómez: 1921-2016

Héctor Gómez es un señor de edad que vive solo en la montaña. Él es viudo y no tiene familia. Un día la montaña enciende en fuego. Él ve el fuego avanzar por todas partes. Él es muy viejo para salir a correr, entonces, se pone de rodillas y ora: está listo para morir, así que decide esperar. Pero de repente el fuego para muy cerca de él. A partir de esta situación, Héctor cambia completamente de vida: vende su casa, retira todo su dinero del banco y sale a dar la vuelta al mundo. Se va a conocer Japón, India, Colombia. En Colombia sube la Sierra Nevada de Santa Marta y visita las playas del Chocó. Publica su diario y a los 90 años se vuelve famoso.

_____

_____

_____

_____

_____

_____

_____

_____

_____

4. Transforme las frases como en el ejemplo.

Ejemplo: Poder (tú) ayudar a Julia - Ella mover el sofá sola.
¿Puedes ayudar a Julia? (Es que) Ella **está moviendo** el sofá sola.

1. Por favor, bajar (Ud.) la voz- (Yo) escuchar al profesor

_____

2. Poder (Ud.) hacer silencio, por favor - María hacer cálculos complicados

_____

3. Mirar (nosotros) por la ventana - Los niños jugar en el parque

_____

4. Comprar (nosotros) bebidas para todos - Los compañeros hacer sánduches para todos

_____

5. Poder (tú) ayudar (a mí) con las maletas - (yo) buscar mi pasaporte y no lo encuentro

_____

5. Complete las frases con la preposición adecuada *por* o *para*.

1. El bus no pasa _____ tu casa, pasa cerca.

2. Está muy linda la chaqueta que compraste, pero no es _____ invierno.

3. Esta tarea no es _____ mañana, es para pasado mañana.

4. Si envías esas cajas _____ barco debes prever mínimo un mes. _____ avión

    tarda unos tres días.

5. Es caro _____ la poca cantidad que sirven.

6. Te juro que te tendré el dinero que me prestaste _____ el próximo martes.

7. Te cambio mi carro _____ esa moto.

8. Me voy a ir directo _____ la calle Quito _____ llegar más rápido.

9. Nos fuimos _____ Barbados y pasamos _____ Miami.

10. ¿ _____ qué viniste? ¿ _____ verme o _____ dinero?

6. **Lea la siguiente noticia y responda a las preguntas con falso (F) o verdadero (V). Los sinónimos a la derecha le ayudarán con el vocabulario.**

"Me sentiré culpable* el resto de mi vida": habla la esposa del británico que se hizo pasar por muerto para cobrar el seguro de vida

* responsable

Redacción *BBC Mundo*
5 octubre de 2016

Muchos no tardaron en comparar la historia con la trama de una película de suspenso.

Anne ocultó* a su esposo John Darwin en su casa en el noreste de Inglaterra por varios años, después de que este se hiciera pasar por desaparecido en marzo de 2002.

* escondió

John salió de paseo con su barco al Mar del Norte y no regresó. Encontraron los restos de su bote y no hallaron ninguna señal de vida. Lo declararon muerto en 2003.

Anne reclamó unos US$318.000 del seguro de vida de su esposo y otros pagos por su muerte y mantuvo* la mentira incluso con sus dos hijos, Mark y Anthony.

* sostuvo

John estuvo escondido hasta que la pareja se mudó a Panamá en 2007 porque querían empezar ahí una nueva vida.

Él pudo salir del Reino Unido usando una identidad falsa, pero ese mismo año regresó. Fue a una estación de policía del norte de Londres y dijo que había sufrido de amnesia. Anne fingió estar conmocionada tras conocer la noticia del regreso de su esposo que creía fallecido.

El canoero que volvió del mar
Una fotografía de la pareja con un agente inmobiliario en Panamá llegó a las autoridades y los dos fueron detenidos.

Arrestan a la esposa del canoero
John admitió haber cometido fraude*, pero Anne se declaró no culpable con el argumento de haber sido víctima de presión conyugal.

* engaño, mentira

En 2008, la declararon culpable de todos los cargos y sentenciada* a seis años y medio de prisión por fraude y lavado de dinero. Su condena fue unos meses más larga que la de su marido.

* culpada condenada

"No era una actuación"
Anne ya salió de prisión y en diálogo exclusivo con la BBC recordó su experiencia.

"Vivía dos vidas", indicó. "Estaba con las emociones que experimenta una viuda y actuaba de la manera que la gente esperaba en esas circunstancias".

"Me sentiré culpable por el resto de mi vida por haberles mentido a mis dos hijos".

"Evidentemente no era algo fácil de lograr, pero las emociones que la gente vio no eran una actuación. Eran emociones genuinas, pero por razones diferentes. Se debían a cómo me sentía por poner a los chicos en esta situación".

"Ver su dolor era insoportable. Las emociones que la gente vio eran las de mi propio dolor. Era una pesadilla en vida".

Al preguntarle cómo se sentía por haber mentido* a sus hijos y por haberles dicho que su padre estaba desaparecido y probablemente muerto, indicó: *"Afortunadamente no tuve que hacer eso en persona. Sin embargo, la culpa estará conmigo por el resto de mi vida".*

* engañado, inventado

Anne, quien escribió un libro sobre sus experiencias que tituló *"Out of My Death"* (Fuera de mi control), poco a poco empezó a restablecer la relación con sus hijos Mark y Anthony quienes fueron a visitarla a la cárcel.

"En la primera reunión en prisión me enteré que Anthony y su esposa tuvieron a mi primer nieto", señaló Anne.

Divorcio
Tras ver a un psicólogo, Anne se separó de su esposo. En 2007, ella declaró que él ideó el plan para escapar* de sus deudas que sumaban "decenas de miles" de libras esterlinas.

Anne trabaja actualmente. Su exesposo vive en Filipinas.

* huir, desaparecer

Texto tomado y adaptado con fines educativos el 5 de octubre de 2016. Disponible en: http://www.bbc.com/mundo/noticias-internacional-37563855

1. Hicieron una película basada en esta historia real. _____

2. El esposo desapareció durante un tiempo porque tuvo amnesia. _____

3. Sus dos hijos se enteraron desde el inicio de todo el plan de sus padres. _____

4. John salió legalmente de Inglaterra. _____

5. John y Anne vivieron un tiempo en Panamá. _____

6. John y Anne fueron descubiertos a causa de una foto. _____

7. John estuvo en la cárcel. _____

8. Según Anne, ella fingió todas sus emociones. _____

9. No fue Anne quien les contó a sus hijos que su padre había desaparecido. _____

10. Después de salir de la cárcel la pareja siguió viviendo en familia. _____

7. Corrija las *frases falsas*, explique lo que pasó realmente.

_____

_____

_____

_____

_____

_____

_____

UNA VIDA SALUDABLE

OBJETIVOS COMUNICATIVOS

- Dar consejos y hacer recomendaciones
- Dar instrucciones
- Expresar condiciones posibles
- Expresar causas

1. **Oímos y/o vemos avisos en diferentes lugares en donde se dan** *instrucciones, órdenes,* *consejos, peticiones.* **¿Con qué lugar o situación asociaría estos avisos o notas recordatorias? Conteste debajo de cada cuadro.**

(1) *Deje* este lugar en el estado en que quiere encontrarlo.

Arroje los papeles en la caneca.

Baje la cisterna.

Limpie el lavamanos después de usarlo.

Ahorre el jabón.

Use solo una toalla de manos.

Deje la luz apagada.

Cierre la puerta al salir.

Lugar(es)/situación: _____

(2) *Use* tapabocas.

Coma y/o beba en los lugares destinados.

Lave sus manos antes de ingresar.

Fume afuera del recinto.

Hable en voz baja.

Silencio.

Lugar(es)/situación: _____

(3) *Lava* todos los ingredientes.

Usa un delantal.

Recuerda desinfectar la loza.

Pica la cebolla.

Escurre la lechuga.

Quita la tierra a los champiñones.

Deja apagados los aparatos electrónicos al terminar.

Lugar(es)/situación: _____

(4) *Organiza* la cama.

Recoge tu ropa.

Abre la ventana.

Levanta los zapatos.

Lava la loza.

Lleva la toalla mojada al patio.

Arregla el clóset.

Saca la ropa sucia.

Lugar(es)/situación: _____

(5) *Respire.*

Tosa.

A partir de hoy no *fume.*

Coma todo tipo de frutas.

Tome agua en vez de gaseosa.

Beba mucho líquido.

Descanse en la tarde.

Ayude a su cuerpo.

Lugar(es)/situación: _____

(6) *Lave* con agua fría.

Programe la lavadora para prendas delicadas.

Si lava a mano, *no frote.*

Use jabón suave.

Seque en una superficie plana.

Planche con un trapo encima.

Una vez seco, *deje* a la sombra.

Proteja de la humedad.

Lugar(es)/situación: _____

2. **Haga una nota recordatoria para alguien siguiendo el modelo anterior. Use el *imperativo positivo*.**

3. **Lea el horóscopo de cada signo zodiacal. ¿Está de acuerdo con el suyo? Redacte uno nuevo para un amigo usando el *imperativo con tú*.**

ARIES	TAURO	GÉMINIS
(21 de marzo al 20 de abril) Busque dentro de usted mismo las respuestas a sus dudas. Sea paciente. Descanse.	(21 de abril al 21 de mayo) Dosifique su energía para poder hacer todo. Confíe en usted mismo. Mire hacia el futuro.	(22 de mayo al 21 de julio) Cuide su salud. Haga las cosas con calma. Piense bien antes de hacer cualquier negocio.
CÁNCER	**LEO**	**VIRGO**
(22 de junio al 22 de julio) Exprese sus ideas sin miedo. Póngales límites a las personas. Diga: ¡no! si es necesario. Camine un poco, esto le ayudará a pensar.	(23 de julio al 23 de agosto) Tome tiempo para reflexionar. Asuma nuevos retos. Vaya despacio por la vida. No se apresure.	(24 de agosto al 23 de sept.) Disfrute de la gente que está siempre a su lado. Goce de la naturaleza. Conserve su vitalidad.
LIBRA	**ESCORPIÓN**	**SAGITARIO**
(24 de sept. al 23 de octubre) Observe a sus vecinos. Antes de criticar a los demás mírese a usted mismo. Tome nota de sus objetivos.	(24 de oct. al 22 de nov) Piense en su pasado y evite cometer los mismos errores. Sea comprensivo con los demás. Tenga paciencia.	(23 de nov al 21 de dic.) Cuide su salud. Haga deporte. Sea mesurado en las comidas. Busque actividades físicas para relajarse.
CAPRICORNIO	**ACUARIO**	**PISCIS**
(22 de dic. al 20 de enero) Deje de ser esclavo de sus labores. Trabaje lo normal: su cuerpo tiene límites. Salga a relajarse. Visite a sus viejos amigos.	(21 de enero al 18 de feb.) Piense en tomar un descanso. Evite el ruido. Busque la paz y el silencio. Duerma un poco más. Relájese.	(19 de febrero al 20 de marzo) Haga sus pequeñas tareas pendientes. No deje acumular el trabajo. Confíe en sus capacidades. Ahorre y deje de malgastar tanto.

Texto tomado y adaptado con fines educativos el 2 de octubre de 2016. Disponible en: http://www. tripadvisor.co

4. Mire la imagen y escriba *qué le sugiere*.

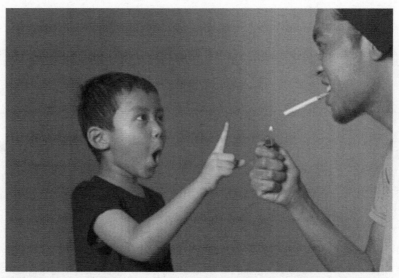

Imagen tomada con fines educativos el 10 de noviembre de 2016. Disponible en: http://www.prensalibre.com/vida/salud-y-familia/se-descuida-proteccion-a-perso-nas-no-fumadoras

_____

_____

_____

_____

_____

_____

4.1. Lea el siguiente texto con atención y complete con los verbos en *imperativo afirmativo en tercera persona singular (usted).*

Tabaquismo: consejos sobre cómo dejar de fumar

Hay muchas maneras para dejar de fumar. También hay muchos recursos para ayudarle. Sus familiares, amigos y compañeros de trabajo pueden servir de apoyo. Pero para tener éxito, usted en verdad tiene que tener el deseo de dejar de fumar. La mayoría de las personas que han sido capaces de hacerlo exitosamente lo intentaron al menos una vez sin éxito en el pasado. Trate de no ver esos intentos anteriores como fracasos. Véalos como experiencias de aprendizaje.

¿SE SIENTE LISTO PARA DEJAR DE FUMAR?

Primero (1) _____ (escoger) la fecha para comenzar. Este es el día en el que dejará de fumar por completo. Antes de esa fecha, usted puede comenzar a reducir el consumo de cigarrillo. Recuerde que no existe un nivel seguro de consumo de tabaco. (2)_____ (Hacer) una lista de las razones por las cuales usted quiere dejarlo. Incluya los beneficios tanto a corto como a largo plazo.

(3)_____ (Identificar) los momentos en los que es más propenso a fumar. Por ejemplo, ¿Tiende a fumar cuando está estresado o deprimido?, ¿cuando sale en las noches con amigos?, ¿cuando está tomando café o alcohol?, ¿cuando está con otros fumadores?

(4) _____ (Comunicarles) a todos sus amigos, familia y compañeros de trabajo su plan para dejar de fumar. Infórmeles la fecha en la que lo hará. De esta manera todos los que lo rodean entenderán su proceso. (5) _____ (Botar) to-dos sus cigarrillos justo antes de dejar de fumar. (6) _____ (Lavar) todo lo que huela a humo, como ropa y muebles.

HAGA UN PLAN

(7) _____ (Planear) lo que va a hacer en los momentos en los que fuma. (8) _____ (Ser) lo más específico posible. Por ejemplo, si en el pasado fumaba mientras tomaba una taza de café, ahora (9) _____ (tomar) té. Es posible que el té no desencadene el deseo por un cigarrillo. Cuando se sienta estresado, (10) _____ (dar) un paseo y (11) _____ (encontrar) actividades alternas. Deshágase de todos sus cigarrillos.

CAMBIE SU ESTILO DE VIDA

(12) _____ (Modificar) su estilo de vida. (13) _____ (Cambiar) su horario y hábitos diarios. Coma a horas diferentes, o consuma varias comidas pequeñas en lugar de tres grandes. (14) _____ (Masticar) chicle sin azúcar. Chupe una rama de canela. Haga más ejercicio. Camine o (15) _____ (montar) en bicicleta. El ejercicio le ayudará a aliviar las ganas de fumar.

ESTABLEZCA ALGUNAS METAS

Establezca metas para dejar de fumar a corto plazo y recompénsese cuando las logre. Todos los días, ponga en un frasco el dinero que normalmente gasta en cigarrillos, compre algo que le guste.

Tan solo una fumada o un cigarrillo harán que el deseo por estos sea más fuerte. Sin embargo, es normal cometer errores. Aunque fume un cigarrillo, no necesitará otro.

Texto tomado y adaptado con fines educativos el 2 de octubre de 2016. Disponible en: https://medlineplus.gov/spanish/ency/article/001992.htm

5. **Estos son algunos remedios naturales de *Medicina alternativa* para el tabaquismo. Cambie los infinitivos por el *imperativo en segunda persona tú*.**

···

AGUARDIENTE
DE CORTEZAS

Para aliviar y combatir los efectos del tabaco sobre la salud, lo más indicado es dejar de fumar y el efecto se puede reducir con este aguardiente de orujo, que actúa como purificador.

Ingredientes

• corteza de pino, de naranjo, de ciruelo, de encina, de cerezo, de limonero y de roble
• ortiga • romero • 1,5 litros de licor de orujo • 1/2 vaso de leche tibia

Preparación

(1) _____ (Triturar) bien las cortezas de pino, naranjo, ciruelo, encina, cerezo, limonero y roble. (2) _____ (Cocinar) todos los ingredientes en el licor de orujo durante 10 minutos a fuego muy lento. (3) _____ (Dejar) reposar 24 horas. Después, (4) _____ (colar) la cocción y (5) _____ (poner) el aguardiente en una botella. (6) _____ (Esperar) a que se enfríe y (7) _____ (conservarlo) en el refrigerador. (8) _____ (Añadir) 2 cucharadas de aguardiente de cortezas en 1/2 vaso de leche tibia.

Forma de tomarlo

(9) _____ (Tomar) la leche con las cucharadas de aguardiente, en ayunas y al acostarse. Para que sea efectivo hay que seguirlo durante cuarenta días consecutivos.

APLICACIÓN DE
HOJAS DE TABACO PARA LA ANSIEDAD

Cuando se deja de fumar, un buen remedio para tratar la adicción consiste en aplicar sobre la piel un parche de hoja de tabaco. De este modo, el organismo absorbe a través de la piel una cantidad mínima de nicotina, con lo que se produce menor ansiedad en el proceso de desintoxicación.

Ingredientes

• 1 hoja de tabaco • Aguardiente de orujo

Preparación

(10) _____ (Recortar) la hoja de tabaco en forma de rectángulo. (11)_____ (Humedecerla) con un poco de aguardiente de orujo. (12) _____ (Envolverla) en un paño.

Forma de usarla

(13) _____ (Colocar) la hoja envuelta en el paño sobre el hombro. (14) _____ (Repetir) esta aplicación renovando la hoja de tabaco, en días alternos, durante un mes.

···

Tomado y adaptado con fines educativos el 17 de noviembre de 2016. Disponible en: http://yasalud.com/medicina-alternativa-para-el-tabaquism/

6. A continuación encontrará nombres de *terapias alternativas* que pueden servir como complemento para los tratamientos médicos. Relacione las dos columnas. Use el diccionario si es necesario.

a. Auriculoterapia

1. Uso de la música y/o sus elementos (sonido, ritmo, melodía, armonía) realizado por un terapista calificado con un paciente o grupo. Proceso creado para facilitar, promover la comunicación, las relaciones, el aprendizaje, el movimiento, la expresión, para así satisfacer las necesidades físicas, emocionales, mentales, sociales y cognitivas. Tiene como fin desarrollar potencialidades y/o restaurar las funciones del individuo de manera tal que este pueda lograr una mejor integración intra y/o interpersonal. (____)

b. Shiatsu

2. Es un sistema tradicional del Oriente, ideado para equilibrar el cuerpo y también mente y espíritu. Ha ido evolucionando preservando su esencia y objetivo fundamental de suministrar bienestar, salud, plenitud y estados de conciencia elevados a quienes lo practican con esfuerzo y constancia. Constituye una atractiva e interesante práctica para obtener una mejor forma integral de salud a todo nivel. La palabra se asocia con prácticas de meditación en el hinduismo, el budismo y el jainismo. (____)

c. Homeopatía

3. Es un método de tratamiento utilizado en la Medicina China Tradicional, variante de la Acupuntura, y se lleva a cabo mediante la aplicación de acupresión y acupuntura en los puntos reflejos del oído externo. En este lugar de la anatomía humana, existen puntos de energía que regulan las dolencias y ciertos factores de la personalidad, como la fuerza de voluntad, la agresividad y la ansiedad. Por este motivo constituye un excelente tratamiento alternativo para curar las adicciones; como, por ejemplo, la producida por el tabaco. (____)

d. Yoga

4. Se basa en el supuesto de que el agua tiene "memoria". Se coge una pequeña cantidad de alguna sustancia que, supuestamente, provoca los mismos síntomas y signos que una enfermedad (o parecidos) y se diluye en 99 partes de agua. Y así sucesivamente. (____)

e. Musicoterapia

5. o digitopuntura, consiste en hacer presión en zonas del cuerpo. Es una medicina alternativa manual originaria de Japón reconocida por el Ministerio de Salud. Es la recopilación de diversas técnicas tradicionales. No existen evidencias médicas de tratamiento efectivo. (____)

Definiciones tomadas y adaptadas para fines educativos el 5 de octubre de 2016. Disponible en: http://www.wikipedia.com

6.1. Conteste las siguientes preguntas.

1. ¿Alguna vez se ha tratado algún malestar o molestia con terapias alternativas?, ¿con cuál?

_____

_____

_____

2. ¿De qué se trata?, ¿terminó su tratamiento?

_____

_____

_____

3. ¿Funcionó? Comente.

_____

_____

_____

¡CUÍDATE!

OBJETIVOS COMUNICATIVOS

- Dar consejos y hacer recomendaciones
- Dar órdenes e instrucciones

1. **Lea el siguiente texto y luego resuma cada párrafo usando - entre otras-** *frases negativas como en el modelo.*

CONSEJOS DE SEGURIDAD PARA VIAJAR A BOGOTÁ, COLOMBIA

La capital de Colombia es el punto de acceso al país y, ya sea por turismo o por trabajo –hay bastantes españoles en Bogotá, incluso viviendo–, casi todos los extranjeros acaban pasando por la ciudad. Lo primero que todos se preguntan es siempre: ¿es seguro viajar a Bogotá o vivir en Bogotá? La seguridad en Bogotá es parecida a la que hay en muchas otras ciudades de Sudamérica así que no diríamos, en general, que es peligroso viajar a Bogotá aunque, como siempre, hay que tener precauciones. Nosotros no tuvimos ningún problema y nos movimos mucho en transporte público, como en el resto de Colombia. Lo más importante es tener en cuenta estas precauciones y, sobre todo, estar tranquilo, relajado y disfrutar de la belleza de la ciudad: ¡lo más seguro es que no te pase absolutamente nada! Mis recomendaciones:

1. CONTRATAR UN SEGURO DE VIAJE

Lo mejor, como siempre, es tener contratado un buen seguro de viaje –que tenga las mejores coberturas posibles– porque no suele pasar nada… ¡pero nunca se sabe! En Colombia tuvimos que usarlo, no por problemas de seguridad sino por un problema médico y nos fue fenomenal.

> *No viaje a Colombia sin seguro de viaje. Es importante comprar uno bueno. No estamos exentos de una enfermedad.*

2. EVITAR ZONAS PELIGROSAS: EL SUR DE LA CIUDAD

La primera precaución a tener es evitar las zonas peligrosas, sobre todo de noche y, si se visitan de día, no hacer alarde de objetos de valor, incluyendo teléfonos móviles y cámaras de fotos. No hay que "*dar papaya*" como dicen ahí –se lo escuchamos decir por primera vez a nuestro host de couchsurfing–, o sea facilitarle las cosas a los delincuentes, darles la ocasión para robarte. Y, si llegara a pasar algo, no oponer nunca resistencia. Los barrios más peligrosos no son los turísticos, así que no hay razón para ir ahí en principio: son los que están en el sur de la ciudad (al sur de la Calle 1a). La Candelaria, el centro de la ciudad, solía ser también una zona un poco peligrosa, pero desde hace unos años hay muchos policías de turismo e, incluso por la noche, está llena de estudiantes y es bastante segura.

En las zonas con mucha gente, como las estaciones o dentro de los autobuses en hora pico, hay que tener cuidado con los carteristas, como en todas las grandes ciudades del mundo.

---

3. NO OLVIDAR RESERVAR LA PRIMERA NOCHE DE HOTEL

Sobre todo si se llega tarde a la ciudad, lo mejor es tener, por lo menos, la primera noche de hotel reservada, en nuestro caso los primeros días nos quedamos de couchsurfing –otra manera para estar más seguros: moverse con locales–. Puedes buscar hoteles en páginas de internet o puedes obtener información en algunas páginas típicas tipo *airbnb* para apartamentos amoblados o habitaciones en casas de familia. Es mejor revisar el sector y buscar bien el tipo de hotel según el presupuesto. Hay de todo para todos.

_____

_____

4. NO COGER TAXIS EN LA CALLE

En lo posible no coger taxis en la calle, sobre todo por la noche. Es mejor evitar sitios en donde haya mucha gente, como a la salida de discotecas, por ejemplo. Lo mejor es llamarlos por teléfono. Hay agencias y empresas de taxis seguras. Hay también aplicaciones para smartphones para pedir taxis seguros, como Tappsi o Easy taxi. Si te pasa algo, puedes denunciarlo en la web Denuncie al taxista. com, donde se puede consultar el historial de un taxi por su placa, incluso en twitter.

¿Por qué tantas precauciones con los taxis? Hay bastantes taxis ilegales en Bogotá y puedes tener problemas, como que te engañen con las tarifas. En la web _Denuncie al taxista_ se puede calcular el precio aproximado del sitio al que vas. Hay muchas _busetas_ y _colectivos_ –pequeños autobuses– y también está el Transmilenio –una red de autobuses con carril independiente, paradas en estaciones fijas y un sistema parecido al del metro– así que es realmente fácil y cómodo llegar a prácticamente cualquier punto de la ciudad. Pero siempre hay que estar atento con sus cosas personales. No hay que descuidar nada en ningún momento.

_____

_____

5. CUIDADO CON LOS CAJEROS

Como pasa en muchos otros sitios del mundo, a veces hay también algún caso de clonación de tarjetas o robos informáticos de números de tarjetas de crédito, sobre todo en los mayores centros de consumo. Lo mejor es usar cajeros que estén en el interior de los bancos o en centros comerciales y no en cajeros de la calle. Cuida la clave de la tarjeta. Si te ofrecen ayuda en el cajero lo mejor es irse y no hacer el retiro. Hay que tener la precaución de no sacar mucho dinero de noche o en zonas poco frecuentadas.

_____

_____

_____

Tomado y adaptado con fines educativos el 10 de octubre de 2016. Disponible en: http://saltaconmigo.com/blog/2015/01/seguridad-en-bogota-colombia/

2. **Su profesor viaja a su país. Piense en un lugar especial que le recomendaría visitar. Dele 5 recomendaciones usando entre ellas _frases negativas_ como en el ejercicio anterior.**

LUGAR ESPECIAL: _____

Recomendaciones

1. _____

2. _____

3. _____

4. _____

5. _____

3. **Responda a las frases como en el ejemplo.**

Ejemplo: **a.** No tengo hambre, estoy muy llena.
   b. No comas tanto.

1. **a.** ¿La película exposición a las 3:00?

   b. Sí, no _____ (llegar) tarde.

2. **a.** Siento mucha tristeza por tu ida.

   b. No _____ (llorar) por eso.

3. **a.** Hace mucho calor aquí.

   b. Yo en cambio tengo frío. No_____ (abrir) la ventana.

4. **a.** Estoy cansadísima, ¿vamos a un restaurante?

   b. Sí, no_____ (preparar) el almuerzo.

4. **Lili está ordenando la habitación de Gabriela su hija. Mientras tanto Gabriela está recostada en su cama jugando con su computador. Lea el siguiente diálogo y <u>subraye</u> los verbos que están en *imperativo*.**

Lili: ¿Cómo puedes vivir en esta habitación tan desordenada?
Gabi: ¿Por qué me regañas tanto? Yo no lo veo tan grave.
Lili: Mmmff… ¿qué es esto? No mezcles los zapatos.
       Ponlos en el mueble y déjalos por pares de manera ordenada.

Gabi: Tranquila… Yo sé cómo encontrar los zapatos que quiero ponerme cada día. ¡No los muevas de lugar, mamá!
Lili: Humm ¿Y estos lápices? No los juntes con los pinceles ni con los marcadores. Organízalos en cajas separadas. Además, hay unos que ya no sirven.
Gabi: Yo los uso sin problemas. No me los botes a la basura. Los que ya no sirven los uso para otras cosas. Déjalos ahí, por favor.
Lili: ¿Y esta ropa sucia revuelta con la limpia? Es terrible todo este desorden. Levántate y ponte a organizar esto ya mismo.
Gabi: Está bien, mamá, pero antes quiero ver unos videos. Vete a mirar tu película y cómete un chocolate de los que te regaló mi papá. Verás que a las 5:00 ya tengo todo arreglado.

4.1. *Pase a imperativo negativo* las frases positivas que subrayó en el diálogo anterior.

Ejemplo: Ponlos en el mueble → **No los pongas** en el mueble.

1. _____

2. _____

3. _____

4. _____

5. _____

6. _____

7. _____

4.2. Complete las respuestas de la columna de la derecha con el *verbo en imperativo* y el *pronombre* correspondiente.

Ejemplo:
a.   ¿Arreglo los zapatos?
b.   No, **no los arregles**, **déjalos** (dejar) en donde están.
b.   Sí, **arréglalos** (arreglar) en el clóset.

1.

a. ¿Separo **los lápices de los pinceles**?

b. No, no _____ (separar), _____(meter) todos en una misma caja.

b. Sí, _____ (clasificar) por tamaños.

2.

a. ¿Echo a la basura **el papel de reciclaje**?

b. No, no _____(echar), _____ (poner) cerca de la chimenea.

b. Sí, _____ (romper) antes en trozos pequeños.

3.

a. ¿Quieres lavar esta **chaqueta**?

b. No, mamá, no _____ (lavar), _____(colgar) ahí, la voy a usar de nuevo.

b. Sí, _____ (echar) en la canasta de la ropa sucia.

4.

a. ¿Desarmo estas **cajas** de cartón?

b. No, no _____ (desarmar), _____ (organizar) por tamaño.

b. Mamá, por favor, _____ a la basura. (tirar)

5. Responda las preguntas en cada diálogo como en el ejemplo.

Ejemplo:

a. ¿**Me** puedo **tomar** este **café**?

b. Sí, tóma**telo**, se está enfriando.

1.

a. ¿Le llevamos todos los **documentos a Sara**?

b. Sí por favor, _____ (dejar) en un sobre en su casillero.

2.

a. ¿**Me** pongo estas **gafas** para protegerme de los rayos?

b. Sí, _____ (poner) ya mismo.

3.

a. ¿Sacamos los **niños** de aquí?

b. Sí, _____ (sacar) ahora mismo.

4.

a. ¿**Me** pongo esta **chaqueta** para la lluvia?

b. Claro, _____ (usar) para que no te resfríes.

POLVO DE ESTRELLAS

OBJETIVOS COMUNICATIVOS

- Contar acciones pasadas y concluidas en el pasado en relación con otra acción pasada
- Contar experiencias que suceden por primera vez
- Definir objetos y profesiones
- Expresar las circunstancias en que suceden las acciones

1. **En este ejercicio encontrará información sobre** *acontecimientos históricos de España y de* *Hispanoamérica*. **Lea los datos y tenga en cuenta sus respectivas fechas.**

ESPAÑA	HISPANOAMÉRICA

1492 Llegada de Cristóbal Colón a América.	José de San Martín inició la campaña libertadora en Argentina en **1810**.
Finaliza la Reconquista (período de lucha contra los árabes que gobernaron parte de España por más de 7 siglos).	Dictadura de Argentina: Jorge Rafael Videla **(1976-1981)**
1561 Felipe II traslada la capital de Toledo a Madrid.	Ciudad de México fue fundada en **1325** con el nombre de Tenochtitlán por los aztecas.
1814 Terminó la Guerra de Independencia contra la invasión napoleónica.	Al Parque Internacional La Amistad (PILA), la UNESCO lo declaró Patrimonio de la Humanidad en **1983**. Perteneciente a Costa Rica y Panamá.
1936-1975 Dictadura de Franco.	
1979 Constitución aprobada y hasta hoy vigente.	Dictadura de Chile: Augusto Pinochet **(1973-1990)**
1986 Entrada de España en la Unión Europea.	
2014 Nombramiento del actual rey de España Felipe de Borbón y Grecia (Felipe VI).	En **1982**, la UNESCO declaró a la Ciudad vieja de *La Habana* Patrimonio Cultural de la Humanidad. Dictaduras de Cuba: Fulgencio Batista **(1952-1959)** Fidel y Raúl Castro **(1959-hasta la actualidad)**

Foto de Parque la Amistad sacada para fines académicos el 29 de octubre de 2016. Disponible en línea en: http://mw2.google.com/mw-panoramio/photos/medium/1828474.jpg

1.1. Escriba oraciones comparando los anteriores acontecimientos. Use el *pretérito pluscuam-perfecto* **para organizar la secuencia de los sucesos. Siga el ejemplo.**

Ejemplo:

España: 1492 Llegada de Cristóbal Colón a América.
Hispanoamérica: Ciudad de México fue fundada en 1325 con el nombre de Tenochtitlán por los aztecas.

La Ciudad de México ya **había sido fundada** cuando llegó Cristóbal Colón a América.

1. _____

_____

2. _____

_____

3. _____

_____

4. _____

_____

5. _____

_____

6. _____

_____

7. _____

_____

2. **Los siguientes datos son sobre el Galeón San José, barco español hundido en 1708 y halla-
do en 2015 en la costa colombiana. Lea la información y <u>subraye</u> la conjugación del verbo
en *pretérito pluscuamperfecto*.**

1. Ernesto Montenegro, director del Instituto de Antropología e Historia de Colombia, dijo: _____ (encontrar-nosotros) miles de a
anomalías*, algunas realmente tenían características que hacían pensar que podía
haber fragmentos* de la nave*.

> * Alteraciones
> geográficas en el
> suelo marino
> * Pedazo, rastro
> * Barco, galeón

2. Antes del hundimiento del Galeón, la embarcación* _____

_____ (hacer parte) de la relación comercial entre
España y Suramérica.

> * Barco, galeón

3. El Galeón _____ (estar) en Panamá antes de cargar en Cartagena con destino a España.

4. Antes de la salida del barco de España en 1706 desde Cádiz*,

_____ (partir) muchos barcos hacia Suramérica.

> * Ciudad costera
> española

5. El barco _____ (cargar) más de 12.000.000 de pe-
sos del comercio de Lima cuando *El Expedition*, un buque inglés dirigido por
Charles Wager, aprovechó los vientos y se acercó hasta 60 metros de distancia
de la embarcación.

6. En 2014, dos años antes del descubrimiento del Galeón, se _____

_____ (aprobar) la Ley 1675 sobre patrimonio
subacuático.

Datos tomados y adaptados con fines académicos el 13 de febrero de 2016. Disponible en: http://www.eltiempo.com/mundo/latinoamerica/
la-historia-del-galeon-san-jose/16477689
http://www.elpais.com.co/elpais/colombia/noticias/galeon-san-jose-santo-grial-tesoros-sumergido-mundo
Ilustración hecha por Natalia Lucio.

3. **En este ejercicio encontrará información sobre algunos profesionales que trabajan en una revista. Relacione las** *profesiones con sus actividades.*

PROFESIONALES	ACTIVIDADES
a. El editor jefe	**1.** Revisar y corregir escritos con el fin de darle claridad, concisión y armonía, volviéndolo inteligible para el lector. Igualmente, verificar si el autor se ajusta a las normas de citación y bibliografía adoptadas por la revista. _____
b. Los diseñadores	**2.** Comprobar si la información es correcta en cuanto a contenido, fuentes y redacción. Guiar y asumir la responsabilidad general de la calidad científica y editorial de la revista, y con ello la del Comité Editor y del equipo editorial. _____
c. El encargado de soporte técnico	**3.** Dar estructura a los trabajos de acuerdo a los estándares gráficos (plantillas, uso de colores, tipografías), incluyendo figuras, tablas y enlaces, además de preparar los trabajos aprobados para publicar en los diferentes formatos que se requieran en los índices y repositorios donde esté incluida la revista. _____
d. La correctora de textos	**4.** Manejar los aspectos técnicos de la revista, tales como poner en marcha el sitio web de esta, encargarse de temas de dominio y hosting, configurar y administrar la plataforma de publicación que será usada en línea, etcétera. _____
e. El diagramador de textos	**5.** Tomar las ideas verbales de los clientes y desarrollarlas de una manera creativa para captar tanto la información y la emoción que se quiere mostrar. _____

3.1. Ahora, escriba 5 oraciones con las anteriores profesiones, usando *pronombres relativos.* **¡Fíjese bien en la persona de la que se habla (femenino, masculino, plural singular)! Siga los ejemplos.**

¡Recuerde!

"que" es el pronombre relativo más común para unir dos oraciones.
Ejemplo: Un locutor es el **que** habla por radio o televisión para dar noticias.

"quien/quienes" son pronombres relativos que se usan solo para hablar de personas y la oración se escribe entre comas.
Ejemplo: Pedro Ramírez, **quien** es el director del diario El Mundo, es uno de los periodistas más activos en Twitter.

---

1. _____

_____

_____

2. _____

_____

_____

3. _____

_____

_____

4. _____

_____

_____

5. _____

_____

_____

¿QUÉ HABRÁ PASADO?

OBJETIVOS COMUNICATIVOS

- Expresar incertidumbre e hipótesis
- Expresar involuntariedad
- Pedir y denegar permiso y favores

1. **Usted va a leer el artículo de título** *Así fue posible la fuga más famosa de la historia,* **pero antes relacione las dos columnas.**

a.	cárcel	**1.**	__f__ hueco, orificio de forma aproximadamente circular.
b.	recluso	**2.**	_____ persona que sufre privación de libertad por la fuerza.
c.	huida	**3.**	_____ leyenda, ficción
d.	condena	**4.**	_____ o fugitivo es una persona que está huyendo de la justicia
e.	robo	**5.**	_____ lugar seguro dentro de la cárcel en donde se encierra a los presos.
f.	agujero	**6.**	_____ lugar o institución autorizada en donde son retenidas las personas.
g.	celda	**7.**	_____ detención temporal.
h.	prófugo	**8.**	_____ tiempo que estará privado de la libertad.
i.	captura	**9.**	_____ delito, atraco cometido por la fuerza o intimidación.
j.	mito	**10.**	_____ evasión, escape de personas retenidas en un lugar.

1.1. Lea con atención.

Así fue posible la fuga más famosa de la historia

02/10/2014 - 10.30h

Con la ayuda de unas cucharas y un maniquí, en 1962 tres reclusos se convirtieron en las únicas personas que lograron escapar de la prisión situada en la isla en medio de la bahía de San Francisco.

Durante los casi treinta años que permaneció en funcionamiento, la prisión de Alcatraz presumió de ser la más segura del mundo. A lo largo de ese tiempo, más de treinta reclusos intentaron sin éxito escapar de la isla. Hasta el 12 de junio de 1962, día en el que los hermanos **John y Clarence Anglin y Frank Morris** lograron lo que parecía imposible: fugarse de Alcatraz.

Tanto los Anglin como Morris fueron condenados por atracar bancos y acabaron en Alcatraz a comienzos de los años 60 después de haber intentado escaparse de otras prisiones. Por ello, no era de extrañar que trataran de evadirse también de esa prisión.

Para poder huir de la pequeña isla ubicada en medio de la bahía de San Francisco, los tres presos fueron muy ingeniosos, tal y como recuerda la web "Diario las Américas". Durante meses, Morris, los hermanos Anglin y un cuarto reo -que finalmente no tomó parte en la huida- emplearon cucharas y tenedores robados del comedor para excavar un hueco de cemento que rodeaba los conductos de ventilación de sus celdas. Cavaron un muro de 16,5 centímetros de ancho y pudieron escapar por el sistema de ventilación.

La mayor dificultad para escapar, es atravesar alrededor de tres kilómetros -distancia entre la isla y la costa- las aguas heladas con fuertes corrientes. Para salvar ese trayecto, fabricaron una balsa y chalecos salvavidas con varios de los impermeables de algodón y forro de caucho que usaban los propios presos.

Sin embargo, uno de los elementos de la fuga que más llamó la atención de los investigadores fueron las cabezas que elaboraron con papel, pintura y cabello robado de la peluquería de la prisión. Estos maniquíes sirvieron a los presos para simular que dormían mientras preparaban la fuga, y también la noche en la que llevaron a cabo su plan. En la actualidad, las réplicas de estas peculiares efigies constituyen uno de los principales atractivos turísticos de la prisión.

Aunque después de la huida, los responsables de Alcatraz aseguraron que los reclusos nunca lograron alcanzar la costa del continente y murieron ahogados en las frías aguas de la bahía, lo cierto es que los cuerpos de Morris y los Anglin jamás fueron encontrados.

Más de medio siglo después de la fuga que convirtió la prisión de "La Isla" en un mito e inspiró una famosa película protagonizada por Clint Eastwood, el caso continúa abierto y los investigadores reciben pistas del posible paradero de los prófugos, sobre los que aún se tiene una orden de búsqueda y captura, varias veces al año. Sin embargo, todo parece indicar que el destino de estos tres audaces prisioneros seguirá formando parte de la leyenda negra de la penitenciaría más famosa del mundo.

Tomado y adaptado con fines educativos el 18 de septiembre de 2016. Disponible en http://www.abc.es/tecnologia/redes/20141002/abci-fuga-historia-201410020959.html

1.2. Responda las siguientes preguntas según el texto anterior.

1. ¿Por qué fueron condenados los hermanos John y Clarence Anglin y Frank Morris?

_____

_____

2. ¿En qué año escaparon?, ¿qué usaron? (materiales, utensilios)

_____

_____

3. ¿De qué manera lo hicieron?

_____

_____

4. ¿Los Anglin y Morris, lograron escapar finalmente? Sí/No

_____

_____

5. Si los cuerpos nunca fueron encontrados, ¿por qué habrán asegurado que murieron ahogados? Opinión personal.

_____

_____

6. ¿Qué habrá pasado con ellos? Opinión personal (Mire opiniones en internet sobre las especulaciones y escriba).

_____

_____

_____

2. **Escriba el verbo en** *infinitivo* **correspondiente a estos participios.**

a. podrido _____

b. muerto _____

c. satisfecho _____

d. vuelto _____

e. roto _____

f. impreso _____

g. resuelto _____

h. visto _____

3. **Reaccione: responda con una** *suposición* **ante estas afirmaciones. Use el** *futuro perfecto*.

¿Qué habrá pasado?	
Ejemplo: No puedo prender la televisión	- Se **habrán acabado** las pilas.
1. El carro no prende, está muerto.	-
2. Llevamos esperando el domicilio 50 minutos. Normalmente llega máximo en 30.	-
3. El perro está muy decaído y no quiere comer nada.	-
4. El vuelo sale a las 4:00., son las 2:30 y Julia no llega al aeropuerto.	-
5. No me funcionan los datos en el celular.	-
6. ¡Qué bien habla inglés esa chica!	-
7. El piso de la cocina está lleno de agua.	-
8. Mi mamá no contesta ni el teléfono fijo ni el celular.	-

4. **Lea las afirmaciones y escriba una** *objeción* **como en el ejemplo.**

Ejemplo: **a.** Todo este mes Lisa ha hecho una dieta rigurosa.
b. **Habrá hecho dieta,** pero no bajó nada. Está más gorda.

1.

a. Lisa limpió la cocina hoy.   **b.**_____, pero sigue igual de sucia.

2.

a. Nevó toda la noche.   **b.**_____, pero no podemos hacer esquí.

3.

a. Subió el salario mínimo.   **b.**_____, pero igual no alcanza para nada.

4.

a. Mario aprobó el test de inglés.   **b.**_____, pero en el oral está muy mal.

5.

a. El dólar ha bajado este mes.   **b.**_____, pero para mí sigue siendo muy caro.

5. **Usos del** *se.* **Lea los siguientes enunciados y explique ¿qué pudo haber pasado? Puede usar cualquier tiempo verbal.**

Ejemplo: Ese puente **se** ha caído tres veces en este año. Lo construyeron con materiales de mala calidad y no resistió

1. De repente la ventana **se cerró**.

_____

2. El café **se enfrió**.

_____

3. Las quemaduras **se calmaron** con la miel que me diste.

_____

4. **Se me perdieron** los 20.000 pesos que tenía en el bolsillo.

_____

5. **Se me hizo** tarde.

_____

ME ENCANTARÍA TRABAJAR AHÍ

OBJETIVOS COMUNICATIVOS

- Expresar deseos
- Pedir y dar consejos
- Hacer sugerencias
- Pedir favores

1. ¿Qué le sugiere el *título* que aparece a continuación? Comente con un compañero.

¡EMPLEOS DECENTES PARA JÓVENES!

1.1. Lea el siguiente artículo que se encuentra en la *revista Semana* y corrobore sus anteriores suposiciones.

"HOY MUCHOS JÓVENES NO BUSCAN UN TRABAJO PARA LA VIDA, SINO EXPERIENCIAS DE VIDA EN EL TRABAJO"

Enfoque | 2016/02/06 00:00

La *ONU*[1] acaba de invitar a sus países miembros, entre ellos a Colombia, a repensar la forma de crear "empleos decentes" para los jóvenes del siglo XXI. ¿Qué responde el viceministro de Trabajo, Luis Ernesto Gómez?

SEMANA: En Colombia, uno de cada dos desempleados es joven. ¿Qué piensa hacer el gobierno?

Luis Ernesto Gómez: El gobierno del presidente Santos viene abordando la problemática desde 2010 con la Ley del Primer Empleo y con el programa '40 Mil Primeros Empleos', a través de los cuales dan incentivos económicos a las empresas que contratan jóvenes sin experiencia. Esto ha permitido reducir la tasa de desempleo juvenil de 20 por ciento en 2010 a 15,3 en 2015.

SEMANA: ¿Será eso suficiente para crear los "empleos decentes" que quiere la *ONU*?

L.E.G.: No. La tasa actual en Colombia para jóvenes duplica el promedio global de 8,9. Por eso hay que seguir sacando adelante una agenda de oportunidades de formación y empleo para jóvenes. Hemos propuesto al Congreso una ley para eliminar la barrera de la *libreta militar*[2] para acceder a un empleo, crear un fondo de capital semilla, otorgar *beneficios mercantiles*[3] a jóvenes emprendedores y abrir un programa nacional de prácticas laborales remuneradas en ministerios y entidades públicas. En cuanto a la formación para el trabajo, el rol del *SENA*[4] es y seguirá siendo decisivo.

SEMANA: ¿Cómo comprometer al sector privado con esa agenda?

L.E.G.: Ese es el desafío más grande. Desde el gobierno se pueden generar incentivos económicos para las empresas, pero lo que realmente transforma esto de manera estructural es un cambio cultural. Los empresarios deben ver en los trabajadores jóvenes una oportunidad para innovar y acceder al mercado de los denominados *'millenials'*[5]. Además, deben saber que hoy muchos jóvenes no buscan un trabajo para la vida, sino experiencias de vida en el trabajo. Empresas como *Google* ofrecen eso y, por esa razón, son muy competitivas.

SEMANA: Los pronósticos son que en 5 años la mitad de los trabajadores independientes van a estar trabajando a través de plataformas tecnológicas tipo *Uber*[6] y *Rappi*[7]. ¿Será capaz el Estado de estar a la altura de este desafío?

L.E.G.: Tiene que estarlo. El reto acá es que la flexibilización de las formas de trabajo no riña con su fin social. El trabajo es la fuente de bienestar de los hogares y de realización de las personas. Eso no puede cambiar. Por eso es fundamental asegurarnos de que las nuevas formas de trabajo vayan de la mano con seguridad social, buenos ingresos y un grado considerable de estabilidad.

SEMANA: ¿Entonces Uber sí o no?

L.E.G.: La discusión no es si Uber o no Uber. Hay que ver estas plataformas como oportunidades para generar empleos de calidad y hay que velar por que, sea en un taxi amarillo o en un carro blanco, los trabajadores tengan seguridad social. Es mucho más fácil recaudar un aporte a seguridad social a través de una plataforma virtual que con formularios de papel.

SEMANA: ¿Qué permitirá la paz en materia de empleo para los jóvenes?

L.E.G.: Ampliar la agenda de oportunidades de formación, empleo y emprendimiento para los jóvenes. 2016 será el año de los jóvenes y la paz, porque con ellos vamos a construir un nuevo país.

Artículo tomado y adaptado de internet con fines educativos el 30 de septiembre de 2016 de la revista Semana. Disponible en: http://www.semana.com/enfoque/articulo/luis-ernesto-gomez-hoy-muchos-jovenes-no-buscan-un-trabajo-para-la-vida/459531

Notas

1. ONU: Organización de las Naciones Unidas.
2. libreta militar: Es un documento oficial colombiano en el que se comprueba y verifica la situación militar de una persona.
3. beneficios mercantiles: beneficio comercial, económico.
4. SENA: Servicio Nacional de Aprendizaje. Adscrito al Ministerio del Trabajo de Colombia, ofrece formación gratuita a millones de colombianos que se benefician con programas técnicos, tecnológicos y complementarios.

5. millenials: "Se trata de una generación marcada por el amor a la tecnología y a la información, por una vida en la que internet ha sido una constante para la mayoría de ellos", afirma Diana Carolina Alba, directora de Target Group Index.
6. Uber: Uber Technologies Inc. es una empresa internacional que proporciona a sus clientes una red de transporte privado, a través de su software de aplicación móvil («app»).
7. Rappi: Es una aplicación que le permite comprar desde su Smartphone.

1.2. Lea nuevamente el artículo y conteste las siguientes preguntas haciendo suposiciones. Use algunos de los siguientes verbos usando la conjugación correcta con *condicional simple o compuesto*: creer, convenir, enseñar, poder, haber, aceptar, arriesgar, importar, opinar, ser, pensar

1. Imagine, ¿cuáles **serían** las causas por las que una empresa contrataría a un joven? Escriba mínimo 5.

a. _____

_____

b. _____

_____

c. _____

_____

d. _____

_____

e. _____

_____

2. ¿Qué ventajas **tendría** la aprobación de la Ley del Primer Empleo y el programa '40 Mil Primeros Empleos'?

_____

_____

_____

_____

_____

_____

3. Según su opinión, ¿qué **implicaría** "hoy muchos jóvenes no buscan un trabajo para la vida, sino experiencias de vida en el trabajo"?

_____

_____

_____

_____

_____

2. **A Carmen, una señora de 75 años, la está visitando su amiga Gloria y en la conversación han hablado sobre lo que serían ahora** _sus vidas de haber tomado diferentes decisiones._ **Lea el diálogo y complete los espacios con la conjugación correcta.**

Carmen: ¡Hola, Glorita! ¿Cómo vas?

Gloria: ¡Hola, mija! Muy bien, gracias a Dios, y tú, ¿cómo estás?

Carmen: Bien, aunque un poco pensativa, porque he estado reflexionando bastante sobre mi vida de joven.

Gloria: ¡Ahhh! Pues no vas a creer que yo también ando pensando en lo mismo por estos días, cuéntame…

Carmen: Imagínate que cuando yo tenía 17 años mi papá quería que yo fuera a Estados Unidos para ir a aprender inglés, pero yo decidí no ir porque conocí a Miguel, mi esposo y me casé. Y de haber ido allá ahora (1) _____ (hablar) muy bien inglés y mis hijos (2) _____ (ser) bilingües.

Gloria: Claro, era una decisión importante de tomar. Yo, por mi parte, rechacé una oferta de trabajo como secretaria en Recursos Humanos de Bavaria* por dedicarme a mi casa y a cuidar a mis hijos. Si no, ahora (3) _____ (tener) carro, casa y beca, como decimos en Colombia.

Carmen: ¡Es verdad! (4) _____ (gozar) de tu pensión y no (5) _____ (depender) de la de tu marido. (6) _____ (disfrutar) de tu independencia económica, ¿no?

Gloria: Sí, exactamente, no le (7) _____ (pedir) a cada rato plata para todas las cosas. Pero bueno, sin embargo, no nos podemos quejar de nuestras vidas, ¿no?

Carmen: Sí, es cierto, hemos formado unas buenas familias.

Gloria: Sí, mija, completamente de acuerdo.

*Bavaria: Compañía líder de bebidas en Colombia, la operación más grande de SABMiller en Latinoamérica y uno de los contribuyentes más importantes a las utilidades de ese grupo cervecero en el mundo.

3. **En la revista "Día a día", en uno de los artículos, los lectores pueden escribir sobre sus experiencias para pedir consejos y sugerencias. Ayúdeles con sus recomendaciones o consejos. ¿Qué *haría* o *habría hecho* en los siguientes casos?**

Ejemplo:

Situación: Cada vez que como chocolate me da una migraña terrible y no sé qué hacer porque me encanta y no puedo parar. ¿Qué me sugieren?

Respuesta: *Yo en tu lugar, iría al médico para saber si existe algún remedio para evitarla.*

1. Situación: Decidí acabar la relación con mi novio y estoy completamente arrepentida. No sé qué hacer, ¿qué me aconsejan?

Respuesta: *Yo de ti,* _____

_____

_____

2. Situación: Yo me gradué de sicóloga, pero nunca fue lo que quise estudiar, mis papás me obligaron. Ahora tengo 47 años y me siento frustrada por eso. ¿Alguna recomendación?

Respuesta: *En tu lugar,* _____

_____

_____

3. Situación: Mi hermana Paula está casada con Rodrigo, un amigo mío de toda la vida. El sábado pasado lo vi con otra mujer en un bar y no le he contado a mi hermana, ¿usted qué haría?

Respuesta: *Pues,* _____

_____

_____

4. Situación: Mi mejor amiga es soltera, tiene 50 años y ha vivido una vida muy intensa. Ha viajado por todo el mundo y ha llegado a tener éxito profesional. Hoy en día se siente muy sola y quisiera tener una pareja e hijo. ¿Qué le sugeriría?

Respuesta: *Yo de ella,* _____

_____

_____

_____

¿QUÉ DICE?

- Interpretar las palabras de otro
- Transmitir informaciones
- Escribir correspondencia formal e informal

1. **A continuación encontrará** *dos conversaciones por correo electrónico* **entre Yolanda Sierra y Petra Cotes** *sobre las clases de español* **que quiere la curadora de la Colección Daros de Suiza. Léalas.**

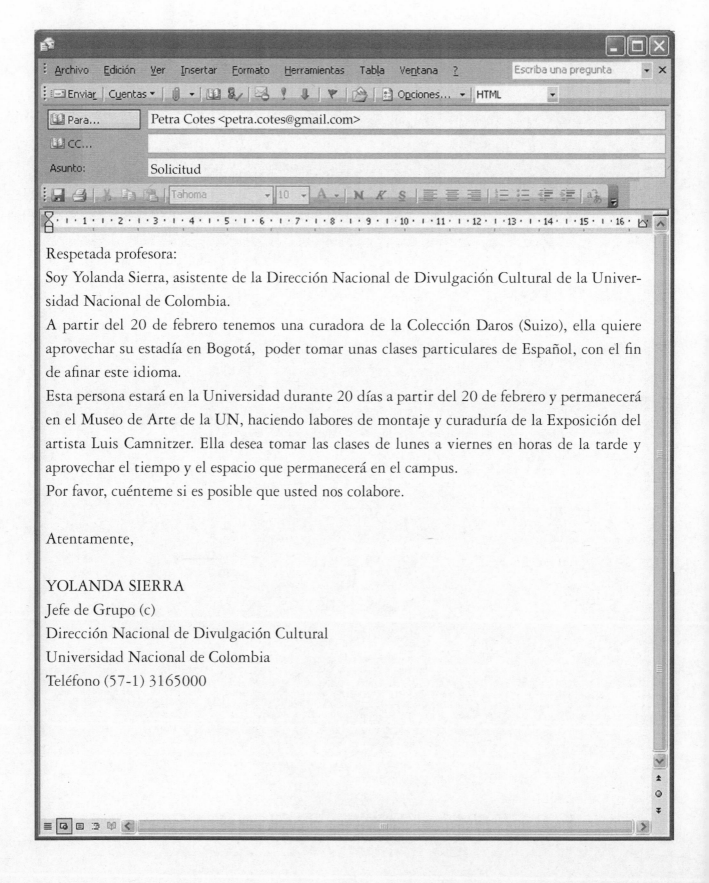

Respetada profesora:

Soy Yolanda Sierra, asistente de la Dirección Nacional de Divulgación Cultural de la Universidad Nacional de Colombia.

A partir del 20 de febrero tenemos una curadora de la Colección Daros (Suizo), ella quiere aprovechar su estadía en Bogotá, poder tomar unas clases particulares de Español, con el fin de afinar este idioma.

Esta persona estará en la Universidad durante 20 días a partir del 20 de febrero y permanecerá en el Museo de Arte de la UN, haciendo labores de montaje y curaduría de la Exposición del artista Luis Camnitzer. Ella desea tomar las clases de lunes a viernes en horas de la tarde y aprovechar el tiempo y el espacio que permanecerá en el campus.

Por favor, cuénteme si es posible que usted nos colabore.

Atentamente,

YOLANDA SIERRA
Jefe de Grupo (c)
Dirección Nacional de Divulgación Cultural
Universidad Nacional de Colombia
Teléfono (57-1) 3165000

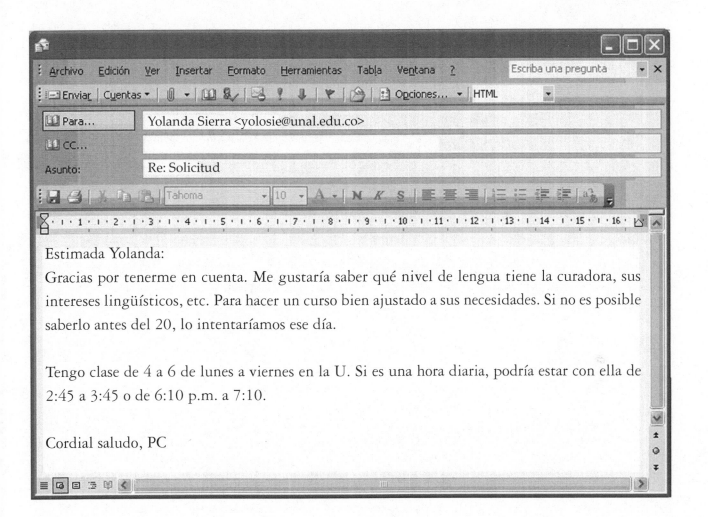

Estimada Yolanda:

Gracias por tenerme en cuenta. Me gustaría saber qué nivel de lengua tiene la curadora, sus intereses lingüísticos, etc. Para hacer un curso bien ajustado a sus necesidades. Si no es posible saberlo antes del 20, lo intentaríamos ese día.

Tengo clase de 4 a 6 de lunes a viernes en la U. Si es una hora diaria, podría estar con ella de 2:45 a 3:45 o de 6:10 p.m. a 7:10.

Cordial saludo, PC

1.1. Ahora, *responda el correo para darle continuidad a la conversación.* **Añada información si es necesario. ¡Recuerde usar las herramientas de comunicación de un correo electrónico formal!**

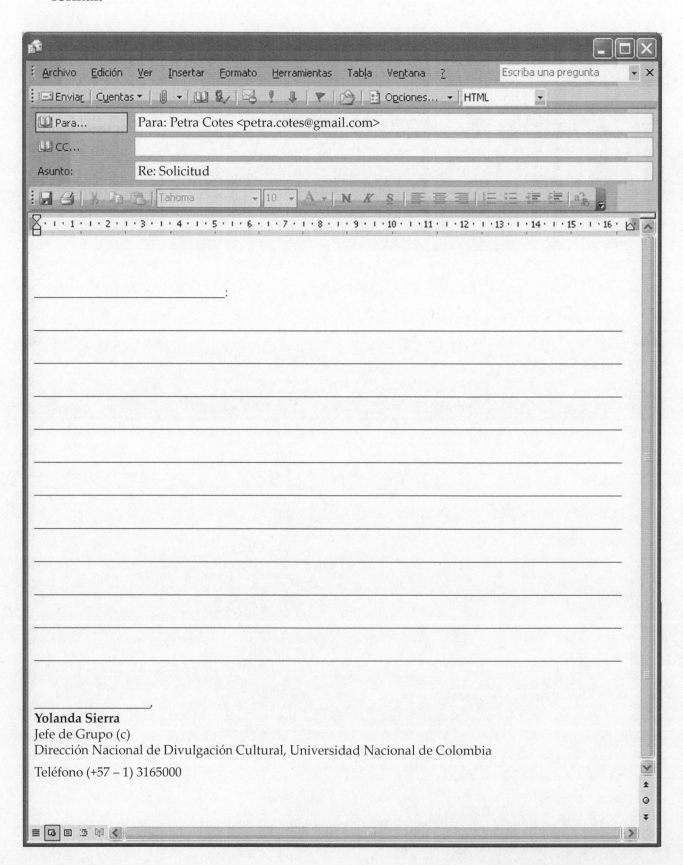

2. **Katia y Simona se fueron de vacaciones a diferentes lugares. Cuando llegó Katia a casa, escuchó el *contestador automático* y llamó a Simona para comunicarle los mensajes que le dejaron. Lea el diálogo.**

Simona: Hola, Katia, ¿cómo estás?

Katia: ¡Hola, Simona! Estoy muerta del cansancio porque bailé mucho en las vacaciones, pero muy bien. Y tú, ¿Cómo vas?

Simona: Muy bien. Me alegra que hayas salido bastante.

Katia: Gracias. Imagínate que, escuchando los mensajes del contestador, te dejaron bastantes y algunos de esos son urgentes. Por eso, te estoy llamando y hasta tomé nota.

Simona: Dime qué dicen, por favor.

Katia: *Bueno, el primero es de tu mami y te llamar a tu tía Berta pues viaja en dos días y quiere despedirse de ti.*

Simona: Bertica es mi tía preferida, ya la voy a llamar.

Katia: *Ya veo. También te llamó Pedro, tu colega. Dice que deben hacer la presentación del proyecto para el próximo miércoles, así que te pregunta si puedes comunicarte con él lo antes posible para planear todo.*

Simona: Listo, ya mismo me comunico. ¿Alguien más llamó?

Katia: *Sí, María, la empleada, te dice que necesita la plata que le debes porque tiene que pagar la matrícula de su hijo en el colegio y cuenta con tu pago.*

Simona: Se me olvidó por completo consignarle, ¡qué vergüenza con ella!

Katia: Si quieres yo puedo pagarle mientras regresas, ¿te parece?

Simona: Sí, muchas gracias Katia, me serviría mucho.

Katia: Claro que sí. Por último, *Luisa Páez, la de la universidad, te dice que te está esperando porque quedaste de pasar a su casa para tomar onces y te pregunta si estás bien.*

Simona: Soy una desmemoriada, también lo olvidé por completo, ¡qué pena! No puedo hacer nada ahora.

Katia: Simona, ya te he dicho muchas veces que anotes todo porque no tienes buena memoria. Te voy a regalar una libreta.

Simona: ¡Tan querida tú! Sí, sé que lo tengo que hacer. No puedo seguir así jaja

Katia: Jaja Bueno, te deseo un feliz viaje de regreso y nos vemos pronto.

Simona: Bueno, muchas gracias por todo…

2.1. Ayúdele a Simona a escribir las oraciones en *estilo indirecto en primera persona singular* **(yo) para que no se le olvide lo que tiene pendiente por hacer. Siga el modelo.**

¡Recuerde cambiar la conjugación y el pronombre!
Ejemplo:

El primer correo es de tu mami y dice que **tienes** que llamar a **tu** tía Berta pues viaja en dos días y **quiere** despedirse de **ti**.

Estilo indirecto 1ª persona singular (yo)

Mi mamá dice que **tengo** que llamar a **mi** tía Berta pues viaja en dos días y **quiere** despedirse de **mí**.

1. Te llamó Pedro, tu colega. Dice que **deben** hacer la presentación del proyecto para el próximo miércoles, así que **te** pregunta si **puedes comunicarte con él** lo antes posible para planear todo.

_____

_____

_____

_____

2. María, la empleada, te dice que **necesita** la plata que **le debes** porque **tiene** que pagar la matrícula de **su** hijo en el colegio y **cuenta** con **tu** pago.

_____

_____

_____

_____

3. Luisa Páez, la de la universidad, te dice que **te está** esperando porque **quedaste** de pasar a **su** casa para tomar onces y **te** pregunta si **estás** bien.

_____

_____

_____

2.2. A continuación encontrará oraciones en estilo directo. Cámbielas *a estilo indirecto en* *pasado en primera persona singular (yo).* **Observe muy bien la tabla para realizar el ejercicio.**

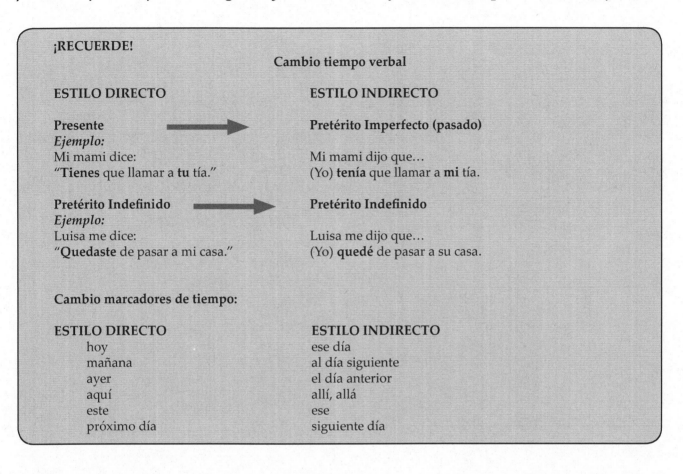

¡RECUERDE!

Cambio tiempo verbal

ESTILO DIRECTO	ESTILO INDIRECTO
Presente	**Pretérito Imperfecto (pasado)**
Ejemplo:	
Mi mami dice:	Mi mami dijo que…
"**Tienes** que llamar a **tu** tía."	(Yo) **tenía** que llamar a **mi** tía.
Pretérito Indefinido	**Pretérito Indefinido**
Ejemplo:	
Luisa me dice:	Luisa me dijo que…
"**Quedaste** de pasar a mi casa."	(Yo) **quedé** de pasar a su casa.

Cambio marcadores de tiempo:

ESTILO DIRECTO	ESTILO INDIRECTO
hoy	ese día
mañana	al día siguiente
ayer	el día anterior
aquí	allí, allá
este	ese
próximo día	siguiente día

1. Pedro dice: "**Debemos** hacer la presentación del proyecto para el próximo miércoles. **¿Puedes comunicarte conmigo** lo antes posible para planear todo?"

_____

_____

_____

_____

2. María me dice: "**Necesito** la plata que **me** debe porque **tengo** que pagar la matrícula de **mi** hijo en el colegio y **cuento** con **su** pago."

_____

_____

_____

_____

3. Luisa me dice y me pregunta: "**Te** estoy esperando porque **quedaste** de pasar a **mi** casa para tomar onces. ¿**Estás** bien?"

_____

_____

_____

_____

3. Busque en el diccionario las _palabras homófonas_ de la columna de la izquierda, escríba-las y explique qué son. Siga el ejemplo.

Ejemplo:

Palabra: **abría**   habría_____

Explicación: (forma del verbo **abrir**)   (forma del verbo **haber**)

a. Palabra: ¡ay!   _____

   Explicación: (interjección)   _____

b. Palabra: **bello**   _____

   Explicación: (hermoso)   _____

c. Palabra: **bienes**   _____

   Explicación: (fortuna, capital)   _____

d. Palabra: **botar**   _____

Explicación: (echar en la caneca)   _____

e. Palabra: **calló**   _____

Explicación: (forma del verbo callar) _____

f. Palabra: **echo**   _____

Explicación: (forma del verbo echar) _____

g. Palabra: **honda**   _____

Explicación: (profunda)   _____

h. Palabra: **hora**   _____

Explicación: (espacio de tiempo)   _____

i. Palabra: **raya**   _____

Explicación: (línea, pez)   _____

j. Palabra: **rebelar**   _____

Explicación: (sublevar)   _____

Información tomada y adaptada para fines académicos el 17 de octubre de 2016. Disponible en línea: http://www.juegosdepalabras.com/p-homofona.htm

OJALÁ QUE TE VAYA BIEN

OBJETIVOS COMUNICATIVOS

- Influir en la conducta de alguien
- Expresar deseos

1. **Las siguientes preguntas están relacionadas con las *tradiciones de fin de año*. Respóndalas.**

1. ¿Qué tradición o tradiciones hay en su país para el 31 de diciembre?, ¿sabe cuál es el origen?

_____

_____

_____

_____

_____

2. ¿Tiene usted algún ritual o tradición que generalmente practica para el 31 de diciembre?

_____

_____

_____

_____

_____

3. ¿Sabe cuáles son las tradiciones en Colombia? Escriba algunas.

_____

_____

_____

_____

_____

2. Lea el siguiente texto y complete *la frase final de cada párrafo* con *la conjugación correcta* los verbos.

Seis de las tradiciones de fin de año más sorprendentes del mundo

1 Uvas de la suerte

La tradición de Nochevieja más seguida en España es comer doce uvas acompañando las doce campanadas que anuncian la llegada del nuevo año. El origen de esta práctica se remonta a 1909 cuando hubo un excedente de cosecha y en las casas se aprovecharon las uvas para comerlas la última noche del año. El número de uvas coincide con dos puntos clave. En primer lugar, doce son los meses del año. Además, las doce es una hora que coincide con el final del año y el principio del siguiente, por lo que ese número está cargado de un fuerte simbolismo al que los más supersticiosos le auguran todo lo bueno.

● *Espero que los españoles _____ (tener) suficiente tiempo para comer las 12 uvas.*

2 Besos en Estados Unidos

La tradición más romántica la encabeza Estados Unidos, un país donde no puede faltar el beso de medianoche. Aunque no se conoce con precisión el origen de este rito, hay explicaciones para todos los gustos. La más curiosa inicia en la época romana, cuando durante el festival de Saturnalia –con fecha próxima al Año Nuevo– todos los asistentes se besaban.Los estadounidenses creen que no dar un beso justo después de las doce de la última noche del año asegura 365 días de soledad.

● *Espero que cada estadounidense _____ (encontrar) una persona al lado a las doce para poder darle muchos besos y que no _____ (estar) solo durante el siguiente año.*

3 Las lentejas italianas… a la mesa Símbolo de riqueza y dinero, un buen plato de lentejas no puede faltar en la mesa de ningún italiano durante la cena de Nochevieja. Cuantas más se comen, más se gana. Una creencia que viene de lejos, ya que los romanos regalaban a principio de año estas legumbres con la intención de convertirlas en monedas de oro y así incrementar su poder adquisitivo. Se crea o no en viejas supersticiones, las lentejas son un plato muy sano con muchas cualidades nutricionales para el organismo.

● *Espero que los italianos _____ (comprar) las lentejas con antelación porque puede ser que se _____ (agotar) en el supermercado.*

http://www.birdietours.com/2014/12/tradiciones-para-acabar-el-ano-en-otro-lugar-del-mundo/

das de las doce de la noche. La persona que llegue antes a la casa de la celebración será la portadora de la buena suerte durante el resto del año. Debe ir acompañado de algún tipo de regalo –la tradición popular destacaba entre ellos dinero, pan o carbón– para asegurar que la familia no faltara de estos productos.

Imagen tomada el 29 de noviembre de 2016 disponible en http://www.birdietours.com/2014/12/tradiciones-para-acabar-el-ano-en-otro-lugar-del-mundo/

4 ¡Salta!

¿Peligrosa? Sí. ¿Desestresante? También. La manera en la que los daneses dan la bienvenida al nuevo año es una mezcla de estos dos adjetivos. El rito actual para dar la bienvenida al nuevo año es saltar desde una silla a la que se suben con la primera campanada. Esta tradición trae buena suerte al que lo hace, por eso no es raro ver a grandes y pequeños subiéndose en los muebles de sus casas para atraer todas las cosas positivas posibles.

• *Ojalá que el 31 de diciembre próximo los daneses _____ (saltar) muy alto para que _____ (haber) mucha gente feliz en ese país.*

5 "First footing" o el arte de llegar primero

Que Reino Unido es el país de la puntualidad nadie lo niega. Algunos incluso llegan a afirmar que los británicos llevan un reloj integrado en el estómago. Este tema se podría extender también a sus tradiciones de fin de año, puesto que la prontitud es clave en la «first footing». Esta costumbre consiste en ser el primero en visitar a familiares o amigos después de que hayan dado las campana-

6 Toque de campanas nipón

En Japón también despiden el año con campanadas... pero no doce. La tradición –que recibe el nombre de «joya no kane»– obliga a que durante la transición de Nochevieja a Año Nuevo se toquen hasta 108 veces las campanas de los templos budistas nipones. Con cada repique del metal se despiden los 108 pecados que el ser humano tiene por defecto en la mente, alejando así la tentación de caer en ellos. Entre estos pecados estaría la ira, la envidia o el deseo.

• *¡Es increíble que los japoneses _____ (aguantar) tanto tiempo para tanta campanada!*

Tomado, adaptado y editado con fines educativos el 22 de octubre de 2016. Disponible en: http://www.abc.es/viajar-top/20121231/abci-tradiciones-201212231139_1.html

3. **En Colombia al fin del año les deseamos cosas a los demás. Piense en** *cinco deseos para algún ser querido* **en esta época. En el cuadro se sugieren algunos temas.**

> ~~viajes~~ / salud / dinero / suerte / felicidad / empleo /
> aprender español / amigos / amor /

Ejemplo: Ojalá (tener) / Ojalá (que) **tengas** muchos viajes de descanso este año.

1. Ojalá _____

2. Ojalá _____

3. Espero _____

4. Deseo _____

5. Deseo _____

4. **Julián tiene muchos problemas en su trabajo.** *Relacione* **lo que comenta en la columna de la izquierda con el consejo que le da un amigo en la columna derecha.**

JULIÁN:

a. Cuando mi jefe me pregunta algo no me salen las palabras. No puedo responderle algo coherente. _____

b. Cuando estamos hablando con todo el equipo y debo hacer el acta de la reunión se me olvida la mitad de lo que han dicho. _____

c. El tiempo en la oficina no me alcanza para todo lo que tengo que hacer. _____

d. Las actividades que tengo que realizar a diario son muy difíciles y no las hago bien. _____

e. Llega el último día de la semana y llevo mucho trabajo para la casa. El sábado y domingo prácticamente no descanso nada. _____

AMIGO:

1. Yo te **aconsejo** que **pidas** las explicaciones antes de recibir tus tareas del día. La empresa insiste mucho en el proceso de calidad.

2. Te sugiero que **hagas** primero lo más importante y que te **concentres**, que **dejes** que el teléfono suene y que **pongas** tu celular en un cajón para no tener la tentación de mirar.

3. Pues, mira, lo mejor es que **visites** un especialista. Yo conozco un psicólogo muy bueno y te ayudará a poder hablar. El jefe quiere que **dejes** ese nerviosismo.

4. ¡Debes descansar! Quiero que **vayamos** a cine este fin de semana. No debes llevar cosas de oficina a tu casa. Insisto que **busques** ayuda.

5. Te recomiendo que **escribas** las palabras claves y no lo que dice cada persona, que **preguntes** cuando no captes las ideas.

4.1. Los compañeros de Julián *decidieron hablar con el jefe* **y contarle lo que le está pasando.** *Lea el diálogo.*

Jefe   Cuéntenme, ¿en qué les puedo ayudar?

Mario   Pues jefe, se trata de Julián. Nos preocupa mucho. Él no está bien, se siente muy agobiado,
(*con sus*   estresado con el trabajo. Llega temprano a la oficina y el tiempo aquí se le pasa volando. Dice
compañeros al lado) que no alcanza a terminar las actividades y que no termina nada a tiempo. Siempre es el úl-
                     timo en salir. Y además se pone muy nervioso cuando tiene que hablar con usted y en público;
                     empieza a temblar, le sudan las manos, se descompone. Usted lo ha visto, cuando estamos
                     en reunión y le pregunta algo casi no puede hablar. Responde cosas que no son del tema, en
                     fin, los nervios lo ponen terrible.
                     En las reuniones evita participar y si él tiene que hacer el acta se pone muy mal. Lo peor es
                     que ve que nosotros estamos bien allí y no para de compararse y de sentirse mal. A mediodía
                     casi siempre se queda trabajando, no sale con nosotros. Nos hemos dado cuenta de que los
                     fines de semana lleva el trabajo que no alcanza a hacer en la oficina.

Jefe   Pues… desconocía todo lo que me cuentan y les agradezco que estén aquí. Hay mucha gente
                     como Julián que entre otros no organiza bien el tiempo y que además tiene el inconveniente
                     de no poder hablar en público.
                     Por eso es importante que Julián…

4.1.1. Continúe la intervención del jefe. Tenga en cuenta las expresiones, temas y verbos que él usó. Siga el ejemplo usando *subjuntivo en tercera persona del plural*.

Expresiones

Es importante… / Es preciso… / No es bueno… / Es indispensable… / Es necesario…
Es peor que…

Temas

•organización del tiempo y del trabajo / •horario de comidas /•horarios de la jornada laboral /
•espacios: oficina vs casa / •agenda para las reuniones
•fines de semana / •pánico escénico

Verbos

hacer / tomar / dejar / parar/ llevar / hablar / ir / pedir / descansar / desconectarse/ seguir…

Ejemplo: Es importante que ustedes **apoyen** a Julián, que **haga** una planificación semanal y diaria. Y que **lleve** una agenda exclusiva para su trabajo. Que **tenga** los temas en orden de prioridades.

1. _____

   _____

2. _____

   _____

3. _____

   _____

4. _____

   _____

5. _____

   _____

5. Dele consejos a su mejor amigo para cada situación. Use el *presente de subjuntivo* **como en el ejemplo.**

Ejemplo: Tiene que comprar una casa en su ciudad. (recomendar/ comprar)

Te recomiendo que **compres** en La macarena, es un barrio moderno, hay de todo y es muy central.

1. Quiere aprender español porque va a viajar a Bogotá. (sugerir/estudiar)

_____

_____

2. Se va de caminata a la montaña este fin de semana. (aconsejar/ llevar)

_____

_____

3. Se va de viaje con usted y deben coger un avión a las 3:00 am. (insistir/ llegar)

_____

_____

4. Le diagnosticaron alergias, tiene un gato y un perro. (recomendar/regalar)

_____

_____

5. Viene de vacaciones a su ciudad y va a quedarse en su casa por un mes. (Ejercicio libre).

_____

_____

RESPUESTAS

UNIDAD 1

1. Posibles respuestas:

a. barco o lancha: Es un medio de trasporte acuático, es un vehículo que se usa para transportar personas, carga, comida. Algunas personas lo usan como medio para poder pescar y de eso viven. Si es un barco turístico para ir de un lugar a otro en Colombia puede costar entre $20.000 y $40.000 dependiendo de la distancia.

b. bus o buseta (entre otros): Es un medio de trasporte público, que tiene cuatro ruedas y se usa en las zonas urbanas, transporta una cantidad grande de gente, aproximadamente 50 personas. En Colombia cuesta $1600.

c. tren: Es un medio de transporte público que viaja sobre rieles (vía férrea), tiene uno o más vagones arrastrados por una locomotora. Caben muchas personas, aproximadamente 200 dependiendo del tamaño del tren.

d. bicicleta: Vehículo de dos ruedas de igual tamaño que no tiene motor y se mueve por medio de pedales. Se usa generalmente para una persona, aunque existen para dos. El precio es el valor de la bicicleta, pero no hay que pagar para usarla. Hay bicicletas que tienen dos puestos. El recorrido que se puede hacer es mucho más corto que en los otros medios de transporte.

e. avión: Es el medio de transporte público y privado más rápido de todos. Vuela, puede recorrer distancias muy largas (16 horas) y transporta pasajeros y carga. El costo para transportarse es alto y depende del trayecto que se haga. Por ejemplo, en Colombia: 3.000.000 de pesos de Bogotá a Madrid. Caben aproximadamente 300 personas dependiendo del tipo de avión.

2. a.3 b.5 c.2 d.4 e.1

3. 1. tuvo 2. estuve 3. pasé 4. me encontré 5. vino 6. nos vimos 7. fuimos

8. bailamos 9. paramos 10. llegué 11. volvimos 12. almorzamos

13. compró 14. entramos 15. llevó 16. nos despedimos 17. fue

4.

	oír	**querer**	**traer**	**saber**
yo	oí	quise	traje	supe
tú	oíste	quisiste	trajiste	supiste
él, ella, usted	oyó	quiso	trajo	supo
nosotros(as)	oímos	quisimos	trajimos	supimos
ellos, ellas, ustedes	oyeron	quisieron	trajeron	supieron

	poder	**decir**	**ser/ir**	**dormir**
yo	pude	dije	fui	dormí
tú	pudiste	dijiste	fuiste	dormiste
él, ella, usted	pudo	dijo	fue	durmió
nosotros(as)	pudimos	dijimos	fuimos	dormimos
ellos, ellas, ustedes	pudieron	dijeron	fueron	durmieron

	estar	**empezar**	**traducir**	**caber**
yo	estuve	empecé	traduje	cupe
tú	estuviste	empezaste	tradujiste	cupiste
él, ella, usted	estuvo	empezó	tradujo	cupo
nosotros(as)	estuvimos	empezamos	tradujimos	cupimos
ellos, ellas, ustedes	estuvieron	empezaron	tradujeron	cupieron

5.1. Carta formal

Cali, 30 de diciembre de 2016
Señor
Mario Bernal
Ciudad
Asunto: Respuesta reclamación 28 de diciembre
Estimado señor Bernal:
De manera atenta me dirijo a usted para darle respuesta a su reclamación:
Con referencia a su queja del 28 de diciembre pasado, me permito presentarle disculpas como gerente del Hotel Internacional. Tiene toda la razón al expresar su molestia por los precios que tuvo que pagar. Su queja será tenida en cuenta para los respectivos correctivos y estos incluyen modificación de los precios en las cartas y llamado de atención al personal. En desagravio, lo invitamos con un acompañante a una cena especial en nuestro restaurante.
Adjunto a la presente carta, usted encontrará la invitación.
Agradecemos su misiva y reiteramos nuestras disculpas.
Cordialmente,
Pedro Gómez

6. 1. a 2. en 3. a 4. de 5. en 6. de 7. a

UNIDAD 2

1. 1.en 2.a 3.en 4.para 5.entre 6.en 7.para 8.en 9.en 10.en
2. 1.F 2.F 3.V 4.V 5.V
Corrección de las respuestas falsas:
1. Santa Marta está ubicada en el Mar Caribe.
2. Hay muchos paisajes en frente de la ciudad, entre otros, la Sierra Nevada.
3.
a. Pedro estuvo estudiando todo el lunes.
b. El martes estuvo jugando fútbol con su amigo.
c. El miércoles en la clase estuvo tocando piano con su profesor.
d. El jueves estuvo caminando en la montaña.
e. El sábado estuvo nadando en el mar con su familia.
f. El domingo estuvo jugando bajo la lluvia. / El domingo estuvo saltando charcos.
4. 1.te 2.me 3.me 4.les 5.les 6.le 7.les 8.nos 9.le 10.me 11.nos 12.les 13.le 14.les
5. 1.sabemos 2.sé 3.sabes 4.conoces 5.conozco 6.sabes 7.sé 8.conocen 9.saben 10.conocemos 11.sabemos

UNIDAD 3

1.

	haber
yo	he
tú	has
él, ella, usted	ha
nosotros(as)	hemos
ellos, ellas, ustedes	han

escribir	**decir**	**ver**	**poner**	**romper**
escrito	dicho	visto	puesto	roto
abrir	hacer	volver	morir	resolver
abierto	hecho	vuelto	muerto	resuelto

2. 1.todavía no 2.aún no 3.todavía 4.nunca 5.alguna vez 6.alguna vez 7.algunas veces 8.ya 9.ya
3. 1.he hecho 2.ha conformado 3.han ido 4.hemos podido 5.he visto 6.han hecho 7.he estado 8.han negociado 9.ha sido 10.hemos obtenido

5.

	OBJETO DIRECTO	OBJETO INDIRECTO
yo	**me**	**me (a mí)**
tú	**te**	**te (a ti)**
él	**lo**	**le (a él)**
ella	**la**	**le (a ella)**
usted	**lo/la**	**le (a usted)**
nosotros	**nos**	**nos (a nosotros/as)**
ellos	**los**	**les (a ellos)**
ellas	**las**	**les (a ellas)**
ustedes	**los/las**	**les (a ustedes)**

5.1 Posibles respuestas:

Hola, Pepito:

¿Cómo estás? Cuéntame todo con detalles.

Te cuento que ya le compré la comida al perro, pero no **la** que me pediste, sino **la** más barata porque no dejaste suficiente plata. Entonces, todos los días **le** he dado la comida y **lo** he sacado al parque dos veces. No he limpiado tu casa, lo siento, realmente está muy sucia y no he tenido el tiempo para hacer**lo**. Ya pagué los servicios y les he echado agua a las plantas, aunque creo que debo echar**les** más porque no es suficiente. No he sacado las chaquetas, pero lo hago cuando tenga tiempo. La plata para la empleada no **se la** he pagado, porque ella está de viaje y dice que llega en una semana, cuando **me** llame **se la** entrego, no te preocupes.
Espero verte pronto.
Abrazos,
Marta

6.

tener hambre	tener miedo	tener fiebre	tener prisa/afán	tener calor	tener rabia
5	4	6	3	2	1

UNIDAD 4

1.   1. era 2.estaba 3.había 4.hacía 5.elaboraban 6.existían 7.caminaba 8.hacía 9.parecían. 10. existía 11.planeábamos 12.había 13.era 14.tocaba 15.ofrecían 16. podía 17.quería 18.había 19.reía 20.pasaba

3.   Posibles respuestas:
1.   Antes conocía poca gente y hablaba en inglés.
2.   Antes no conocía mucho y tomaba taxi todos los días.
3.   Antes leía los periódicos en xxxxx y escribía los correos en xxxxx
4.   Antes no entendía casi nada y no respondía a las preguntas.
5.   Antes no hablaba nada con ella ni le preguntaba /ni le hacía preguntas

4.1
Ahora sí, ¿de dónde vienen?
Goyo: Slow, mi hermano, y yo venimos de Condoto, somos hijos de una cantaora y de un coleccionista de música. Mi casa en las mañanas era pura música, mi papá le <u>subía</u> el volumen a sus discos de la Sonora Ponceña y mi mamá <u>nos despertaba</u> cantando.
¿Entonces la vena musical es de familia?
Goyo: Pues sí, de alguna forma allá todos son músicos. Sin embargo, yo no <u>soñaba</u> con ser cantante. <u>Jugaba</u> de niña, como todas, pero no <u>era</u> algo que pensara en serio.
Slow: Yo, menos, <u>estaba</u> más entusiasmado con los videojuegos que con cualquier otra cosa.
¿Y Tostao?
Tostao: Yo <u>era</u> un niño problema y como mi mamá <u>trabajaba</u> en Coldeportes, lo que hizo fue meterme en todos los equipos. Yo <u>practicaba</u> basquetbol, voleibol, boxeo, lo que fuera que quemara energía. Hasta que una vez llegó a Quibdó, mi pueblo, una orquesta de niños que se <u>llamaba</u> La Charanguita. En ese momento no se <u>entendía</u> cómo <u>podía</u> haber una orquesta de salsa para niños y ese fue mi primer contacto en serio con la música. Ya después pasé por una orquesta de música clásica y por Tejedores de Sociedad, un grupo de rock y rap. Ese sí me gustó.
5.   1. había 2.estaba 3.era 4.se prendían 5.se conectaban 6.usábamos 7.disfrutaba 8.explicaba 9.vivía 10.usaba 11.sabía 12.decía 13.oía 14.tenía 15.podía.

UNIDAD 5

1.

IMPERFECTO circunstancias, detalles	INDEFINIDO acciones principales
– El banco estaba lleno.	– La cajera entregó la plata.
– No había mucha luz.	– El guardián llamó a la policía.
– Eran tres.	– Tardaron en llegar 3 minutos.
– Ella tenía el pelo corto.	– Entramos en pánico.
– Estaba muy maquillada.	– Nos tiramos al piso.
– Uno tenía una cicatriz.	– Una señora se desmayó.
– Los dos eran morenos.	– Fueron minutos eternos.
– Estaban aterrorizados.	– Nos hicimos a un lado.
– Yo no paraba de rezar.	– Dos ladrones fueron detenidos, uno escapó
– Nadie decía nada.	
– Se oían los gritos.	
– Había billetes regados.	

2.
1. Ayer cuando llegué al restaurante, ya no había comida.
2. Esta mañana comí algo que me hizo daño
3. Amelia estaba un poco cansada y tenía un frío terrible porque se puso un vestido de tela muy delgadita para el clima que hacía.
4. Ayer compré una sombrilla en la calle porque llovía.
5. Fui al dentista porque me dolían dos muelas. Me sacó una y me arregló la otra.

3.
Héctor Gómez <u>era</u> un señor de edad que <u>vivía</u> solo en la montaña. Él <u>era</u> viudo y no <u>tenía</u> familia. Un día la montaña <u>encendió</u> en fuego. El <u>vio</u> el fuego avanzar por todas partes, <u>estaba/era</u> muy viejo para salir a correr, entonces, <u>se puso</u> de rodillas y <u>se puso</u> a orar: <u>estaba</u> listo para morir así que <u>decidió</u> esperar. Pero de repente el fuego <u>paró</u> muy cerca de él. A partir de esta situación Héctor <u>cambió</u> completamente de vida: <u>vendió</u> su casa, <u>retiró</u> todo su dinero del banco y <u>salió</u> a dar la vuelta al mundo. <u>Se fue</u> a conocer Japón, India, Colombia. En Colombia <u>subió</u> la Sierra Nevada de Santa Marta, <u>visitó</u> las playas del Chocó. <u>Publicó</u> su diario y a los 90 años se <u>volvió</u> famoso.

4.
1. ¿Puede(s) por favor bajar la voz? (Es que) <u>Estoy escuchando</u> el profesor
2. ¿Puede(n) hacer silencio por favor? María <u>está haciendo</u> unos cálculos complicados.
3. ¿Miramos por la ventana? (Es que) los niños <u>están jugando</u> en el parque.
4. ¿Compramos bebidas para todos? (Es que) Los compañeros <u>están haciendo</u> sánduches para todos.
5. ¿Me puedes ayudar con mis maletas? (Es que) <u>estoy buscando</u> mi pasaporte y no lo encuentro.

5.
1. El bus no pasa <u>por</u> tu casa, pasa cerca.
2. Está muy linda la chaqueta que compraste pero no es <u>para</u> invierno.
3. Esta tarea no es <u>para</u> mañana es <u>para</u> pasado mañana.
4. Si envías esas cajas <u>por</u> barco debes prever mínimo un mes. <u>Por</u> avión tardan unos tres días.
5. Es caro <u>para</u> la poca cantidad que sirven.
6. Te juro que te tendré el dinero que me prestaste <u>para</u> el próximo martes.
7. Te cambio mi carro <u>por</u> esa moto.
8. Me voy a ir directo <u>por</u> la calle 30 <u>para</u> llegar más rápido.
9. Nos fuimos <u>para</u> Barbados y pasamos <u>por</u> Miami.
10. ¿<u>Para/por</u> qué viniste? ¿<u>Para</u> verme o <u>por</u> dinero?

6. 1.F, 2.F, 3.F, 4.F, 5.V, 6.V, 7.V, 8.F, 9.V, 10.F

UNIDAD 6

1. (1) En un baño (2) En un hospital/En una clínica (3) Un cocinero / un chef (4) En la habitación de un adolescente (5) Un médico/doctor a un paciente (6) En el interior de una prenda de vestir.

4.1. 1. escoja 2. haga 3. identifique 4. comuníqueles 5. bote 6. lave 7. planee 8. sea 9. tome 10. dé 11. encuentre 12. modifique 13. cambie 14. mastique 15. monte

5. 1. tritura 2. cocina 3. deja 4. cuela 5.pon 6.espera 7.consérvalo 8. añade 9. toma 10. recorta 11. humedécela 12. envuélvela 13. coloca 14. repite

6. a.3 b.5 c.4 d.2 e.1

UNIDAD 7

1.
Posibles respuestas:

Párrafo 1. *No viaje a Colombia sin seguro de viaje. Es importante comprar uno bueno. No estamos exentos de una enfermedad.*
Párrafo 2. *No vaya* a zonas peligrosas en la noche. *No lleve* objetos llamativos y/o de valor. "*No de papaya*". Mejor, *no vaya* al sur de Bogotá, puede ser peligroso. *No dé* oportunidad a los carteristas que hay en las zonas de mucha afluencia.
Párrafo 4. *No coja* taxis en la calle; sobre todo en la noche. Llámelos por medio de aplicaciones o por teléfono. Una buena opción para moverse es el Transmilenio, los colectivos o las busetas. *No descuide* nunca sus objetos.
Párrafo 5. *No saque* dinero en los cajeros de la calle. Vaya a lugares más seguros como los bancos o centros comerciales. *No deje* ver su clave. No se deje ayudar por nadie. *No retire* dinero en la noche o/ni en lugares solitarios

3. no llegues tarde 2. No llores por eso 3. No abras la ventana 4. No prepares el almuerzo.

4.
No mezcles los zapatos. / Ponlos en el mueble / déjalos por pares /
¡No los muevas de lugar mamá! / No los mezcles con los pinceles / Ponlos en cajas separadas. / No me los botes a la basura. / Déjalos ahí, por favor. /
Levántate y ponte a organizar esto ya mismo. Vete a mirar tu película. Cómete un chocolate

4.1.
1. déjalos por pares – no los dejes por pares
2. Organízalos en cajas separadas. – No los organices en cajas separadas.
3. Déjalos ahí por favor. – No los dejes ahí por favor.
4. Levántate y ponte a organizar. – No te levantes y no te pongas a organizar.
5. Vete a mirar tu película – No te vayas a mirar tu película.
6. Cómete un chocolate – No te comas un chocolate.

4.2.
1.
a. ¿Separo los lápices de los pinceles?
b. No, los separes, mételos todos en una misma caja.
b. Sí, clasifícalos por tamaños.
2.
a. ¿Echo a la basura el papel de reciclaje?
b. No, no lo eches, ponlo cerca de la chimenea.
b. Sí, rómpelo antes en trozos pequeños.
3.
a. ¿Quieres lavar esta chaqueta?
b. No, mamá, no la laves, cuélgala (colgar) ahí, la voy a usar de nuevo.
b. Sí échala (echar) en la canasta de la ropa sucia.
4.
a. ¿Desarmo estas cajas de cartón?
b. No, no las desarmes, organízalas (organizar) por tamaño.
b. Mamá, por favor, tíralas a la basura. (tirar)

5.1.
1. tómatelo 2. Déjenselos 3. Póntelas 4. Sáquenlos 5. úsala

UNIDAD 8

1.2. Posibles respuestas:
1. En 1492 finalizó la Reconquista española, pero los aztecas ya habían fundado la Ciudad de México. 2. En 1979 se aprobó la Constitución española hasta hoy vigente y Felipe II había trasladado la capital de Toledo a Madrid. 3. La Guerra de la Independencia española contra la invasión napoleónica terminó en 1814 y ya José de San Martín había iniciado la campaña libertadora en Argentina. 4. Ya había terminado la dictadura de Franco cuando empezó la de Argentina por Jorge Rafael Videla en 1976. 5. Habían declarado a la Ciudad vieja de La Habana Patrimonio Cultural de la Humanidad cuando declararon Patrimonio de la Humanidad al Parque Internacional La Amistad (PILA). 6. En 1986 entró España en la Unión Europea, pero ya se había acabado la dictadura de Cuba de Fulgencio Batista en 1959. 7. Ya había entrado su país en la Unión Europea cuando nombraron al actual rey de España, Felipe de Borbón y Grecia.
2. 1.habíamos encontrado 2.había hecho parte 3.había estado 4.habían partido 5.había cargado 6.se había aprobado

3. a.2 b.5 c.4 d.1 e.3

3.1. 1. El editor jefe es la persona que / es quien / es el que se encarga de comprobar si la información es correcta en cuanto a contenido, fuentes y redacción de una revista.

2. Los diseñadores son los hombres que / son quienes / son las personas que se responsabilizan de velar por la mantención de la línea gráfica adoptada por la revista.

3. El encargado de soporte técnico es el hombre que / es quien / es la persona que pone en marcha el sitio web de la revista, se encarga de temas de dominio y hosting, configura y administra la plataforma de publicación que será usada en línea, etcétera.

4. La correctora de textos es la mujer que / es quien / es la persona que revisa y corrige escritos con el fin de darle claridad, concisión y armonía al texto, y volviéndolo inteligible para el destinatario: el lector.

5. El diagramador de textos es la persona que / es quien / es el hombre que les da estructura a los trabajos de acuerdo a los estándares gráficos (plantillas, uso de colores, tipografías), incluyendo figuras, tablas y enlaces.

UNIDAD 9

1.
a. cárcel: 5. lugar o institución autorizada en donde son retenidas las personas
b. recluso 4. o fugitivo es una persona que está huyendo de la justicia
c. huida: 10. evasión, escape de personas retenidas en un lugar.
d. condena: 8. tiempo que estará privado de la libertad.
e. robo: 9. delito, atraco cometido por la fuerza o intimidación.
f. agujero 1. hueco, orificio de forma aproximadamente circular.
g. celda: lugar seguro donde se encierra a los presos.
h. prófugo: persona que sufre privación de libertad por la fuerza.
i. captura: detención temporal.
j. mito: leyenda, ficción

1.2.
1. Fueron condenados por atracar bancos.
2. Escaparon en 1962, con la ayuda de cucharas y tenedores robados. Además de un maniquí fabricado con papel, pintura y pelo robado de la peluquería. Para hacer la travesía fabricaron una balsa y chalecos salvavidas.
3. Excavaron un hueco en las celdas. Hicieron un hueco en un muro de 16.5 centímetros de ancho y escaparon por el sistema de ventilación.
4. Sí.

2. a. podrir b. morir c. satisfacer d. volver e. romper f. imprimir g. resolver h. ver

3. Posibles respuestas:

No puedo prender la televisión	- Se habrán acabado las pilas.
1. El carro no prende, está muerto.	-Se habrá acabado/ descargado la batería.
2. Llevamos esperando el domicilio 50 minutos. Normalmente llega máximo en 30.	-Se habrá perdido el chico. -No habrá encontrado la dirección.
3. El perro está muy decaído y no quiere comer nada.	-Se habrá intoxicado -Se habrá comido algo malo
4. El vuelo sale a las 4 a.m., son las 2:30 a.m. y Julia no llega.	-Se habrá quedado dormida -Se le habrá hecho tarde
5. No me funcionan los datos en el celular.	-Se (me) habrá acabado el crédito de mi plan. -Se habrá caído la señal.
6. ¡Qué bien habla inglés esa chica!	-Habrá hecho sus estudios fuera.
7. El piso de la cocina está lleno de agua.	- Se habrá roto un tubo
8. Mi mamá no contesta ni el teléfono fijo ni el celular.	- Habrá salido al supermercado

4. 1. Habrá limpiado 2. Habrá nevado 3. Habrá subido 4. Habrá aprobado 5. Habrá bajado

5. Posibles respuestas:
1. De repente la ventana se cerró. Habrá hecho viento y el viento la cerró.
2. El café se enfrió. Lo habrás dejado mucho tiempo y con el frío es normal.
3. Ese puente se ha caído tres veces en este año. Lo habrán hecho con materiales de mala calidad.
4. Las quemaduras se calmaron con la miel que me diste. La miel tiene ese efecto. Baja el calor
5. Se me perdieron los 20.000 pesos que tenía en el bolsillo. Al meter la mano se cayeron (se te habrán caído)

UNIDAD 10

1.2. Posibles respuestas:

1. a. Una empresa contrataría a un joven, porque podría pagarle mucho menos de lo que tendría que pagarle a un adulto. b. Podría capacitarlo enfocado en la misión y la visión de la empresa y así sería más fácil para cumplir con sus objetivos. c. La empresa obtendría ideas creativas por parte de un joven que podrían resultar muy innovadoras para poder competir con otras empresas. d. A una empresa le convendría tener un joven porque sería un empleado dinámico y enérgico. e. Además, el joven se arriesgaría sin temor a equivocarse.

2. Las ventajas serían bastantes, porque incentivarían a las empresas a contratar a los jóvenes. Les darían la oportunidad a 40.000 jóvenes de vincularse a una empresa y dejarían de estar desempleados. Les ayudaría a obtener experiencia y aprenderían bastante de la empresa y de su labor en ella.

3. Los jóvenes quieren obtener experiencias y aprender del trabajo que van a realizar, no es solo un objetivo de trabajar para vivir.

2. 1.hablaría 2.serían 3.tendría 4.gozarías 5.dependerías 6.disfrutarías 7.pediría

3. Posibles respuestas:

1. Yo de ti, hablaría con él sobre cómo te sientes y trataría de arreglar las cosas en el caso de que él lo quiera hacer.

2. En tu lugar, intentaría estudiar la carrera que me gusta, nunca es tarde para empezar a hacerlo.

3. Pues, yo tendría dos opciones: a. le contaría a mi hermana inmediatamente antes de que ella se entere por otra persona. b. hablaría con mi cuñado y le diría que lo sé, le preguntaría qué relación tiene y depende de eso lo obligaría a contarle la verdad a mi hermana.

4. Yo de ella, me inscribiría a una página de internet en busca de pareja, quién sabe si el amor de su vida lo encuentre allí.

UNIDAD 11

1. Posible respuesta:

> Respetada profesora:
>
> Le agradecemos por su correo.
> El nivel de la curadora es B2 y a ella le interesa conocer las actividades artísticas que se realizan en Colombia. Le encanta la gramática y quisiera trabajarla también.
> En cuanto a la disponibilidad para tomar las clases, el horario que más le conviene a la curadora es de 6:10 a 7:10 p.m. ¿Podría confírmanos el lugar exacto en la universidad donde se realizarían las clases, por favor?
> Muchas gracias por su disposición y la preparación del programa para la curadora.
> Deseamos que tengan un tiempo muy agradable para que ella conozca mucho más sobre nuestro arte y actividades culturales que tanto le interesan.
> ¡Que tenga una buena semana!
>
> Atentamente,
> Yolanda Sierra

2.1. 1. Pedro, mi colega, me dice que debemos hacer la presentación del proyecto para el próximo miércoles, así que me pregunta si puedo comunicarme con él lo antes posible para planear todo.

2. María, la empleada, me dice que necesita la plata que le debo porque tiene que pagar la matrícula de su hijo en el colegio y cuenta con mi pago.

3. Luisa Páez, la de la universidad me dice que me está esperando porque quedé de pasar a su casa para tomar onces y me pregunta si estoy bien y si le mando un correo para saber qué pasa conmigo.

2.2. 1. Pedro me dijo que debíamos hacer la presentación del proyecto para el próximo miércoles y me preguntó si podía comunicarme con él lo antes posible para planear todo.

2. María me dijo que necesitaba la plata que le debía porque tenía que pagar la matrícula de su hijo en el colegio y contaba con mi pago.

3. Luisa me dijo que me estaba esperando porque quedé de pasar a su casa para tomar onces y me preguntó si estaba bien.

3.

a. ¡ay! (interjección)	hay (forma del verbo haber)
b. bello (hermoso)	vello (pelo del cuerpo)
c. bienes (fortuna, capital)	vienes (forma del verbo venir)
d. botar (echar en la caneca)	votar (emitir el voto)
e. calló	(forma del verbo callar) cayó (forma del verbo caer)
f. echo (forma del verbo echar)	hecho (forma del verbo hacer)
g. honda (profunda)	onda (ondulación)
h. hora	(espacio de tiempo) ora (forma del verbo orar)
i. raya (línea, pez)	ralla (forma del verbo rallar)
j. rebelar (sublevar)	revelar(descubrir)

UNIDAD 12

2. 1. tengan / 2. encuentre/ esté 3. compren/ agoten 4. salten / haya 6. aguanten

3. Posibles respuestas:

1. Ojalá estés muy bien de salud durante todo el año. 2. Ojalá te atropelle la felicidad y te llegue mucho dinero. 3. Espero que aprendas mucho español y consigas un empleo en donde puedas practicar 4. Deseo que conozcas mucha gente buena y que se conviertan en amigos entrañables. 5. Deseo que te colmen de amor.

4. a.3/ b.5 / c.2 / d.1/ e.4

4.1. Posibles respuestas:

1. Es preciso que Julián tome su hora de almuerzo. Que se desconecte un poco de la oficina y que piense en otras cosas. 2. No es bueno que salga tan tarde de la oficina. Ojalá trate de salir a la hora estipulada por la empresa. 3. Es indispensable que separe los espacios, que no lleve trabajo para la casa. Es importante que descanse en su casa y que no piense en el trabajo.4. Es ideal que prepare una agenda para las reuniones para seguir un plan.5. Es mejor que descanse los fines de semana

5. Posibles respuestas:

1. Te sugiero que estudies algunas horas antes de tu viaje. Te recomiendo que mires una Guía turística para que conozcas un poco sobre la ciudad. 2. Te aconsejo que lleves un buen par de botas y un impermeable por si llueve. No olvides llevar agua para beber. 3. Te insisto que pongas el despertador para que no llegues tarde. Es importante que salgas temprano. 4. Te recomiendo que regales tu perro y tu gato, que adoptes un pájaro o un animal que no suelte pelo y que no requiera tanto cuidado. 5. Te pido, por favor que no hagas fiestas, que no lleves muchos amigos porque mi casa es muy pequeña. Que compres tu comida porque yo nunca como allí.

Editado por el Departamento de Publicaciones
de la Universidad Externado de Colombia
en abril de 2017

Se compuso en caracteres Palatino Linotype 12 puntos
y se imprimió sobre Holmen Book Cream de 60 gramos
Bogotá - Colombia

Post tenebras spero lucem